ullstein

Das Buch

Michael Buchinger lügt gerne, gut und vor allem so ausdauernd, dass er sämtliche Lügen, die er in die Welt gesetzt hat, in einem Dokument namens »Lügen.doc« notieren muss, um sich nicht in seinem eigenen Lügennetz zu verfangen. Ist das moralisch vertretbar? Nein. Verbessert es seine Lebensqualität? Auf jeden Fall! Auf den folgenden Seiten kommen all diejenigen auf ihre Kosten, die eine ordentliche Notlüge zu schätzen wissen und zum Lachen nicht in den Keller gehen. Ehrlich wahr!

Der Autor

Michael Buchinger, 1992 in Wien geboren, ist YouTuber und schreibt für *Vice*, *Miss* und *Die Welt*. Er hat Anglistik studiert und erhielt 2015 den Deutschen Webvideopreis in der Kategorie *Lifestyle* für das Format *Michaels Hass-Liste*.

Sein erstes Buch *Der Letzte macht den Mund zu* war ein SPIEGEL-Bestseller.

Besuchen Sie uns im Internet:
www.ullstein-buchverlage.de

Originalausgabe im Ullstein Taschenbuch
1. Auflage November 2018
© Ullstein Buchverlage GmbH, Berlin 2018
Umschlaggestaltung: zero-media.net, München
Titelabbildung: © Dominik Pichler
Gesetzt aus der Quadraat Pro powered by pepyrus.com
Druck und Bindearbeiten: CPI books GmbH, Leck
ISBN 978-3-548-37778-0

MICHAEL BUCHINGER

LANGE BEINE, KURZE LÜGEN

Michi schenkt euch reinen Wein ein

Ullstein

Inhalt

Reden ist Silber, Lügen ist Gold

»Musst du immer lügen?«, fragt mich mein Freund Dominik eines Morgens mit einem missbilligenden Unterton, der mir bereits verrät, dass meine Vorliebe für Flunkereien nicht unbedingt der Grund ist, warum er mich liebt. Ich werfe ihm einen Blick zu und sehe, dass seine Stirn eine Zornesfalte ziert, die so ausgeprägt ist wie die eines Bösewichts in einem Manga. Oh, oh, das bedeutet Ärger!

Im Gegensatz zu mir ist Dominik nämlich ein sehr ehrlicher Mensch. Lügen ist einfach nicht so sein Ding, ähnlich wie manche Menschen aus Prinzip keine Meeresfrüchte essen oder den Wehrdienst verweigern. In dieser Hinsicht sind wir sehr unterschiedlich. Ich wiederum lüge gerne, gut und vor allem so viel, dass ich mir sämtliche Lügen, die dank mir aktuell in der Welt sind, in einem Dokument namens »Lügen.doc« notieren muss.

Nicht selten führen unsere gegensätzlichen Standpunkte zum Thema »Ehrlichkeit« zu langwierigen Grundsatzdiskussionen. Etwa, wenn ich Spendensammlern auf der Straße bereits aus der Ferne »¡Lo siento, no hablo alemán!« zurufe, oder wenn ich darauf bestehe, dass wir uns auf den Boden legen und tot stellen, wenn spontaner Besuch vor der Tür steht. Mein Leben ist nun mal angenehmer, wenn ich lüge!

Doch Dominiks heutiger Anlass zum Groll und Grund für seine Frage ist ein völlig anderer: Gerade eben hat mich eine Mail erreicht, in der mich eine Lehrerin namens »Frau Barbara« um einen – wie ich finde – gigantischen Gefallen gebeten hat.

»Meine Schüler lieben deine YouTube-Videos«, leitete die Lehrerin ihre Mail ein. »Die Kids nehmen kommenden Samstag an einem Charity-Lauf für Jugendliche durch die Wiener Innenstadt teil und es wäre super, wenn du als kleine Überraschung um sechs Uhr morgens ein paar aufbauende Worte in der Eröffnungsrede an sie richten könntest!«

Man möchte meinen, Frau Barbara habe sich im Gegensatz zu ihren »Kids« kein bisschen mit mir auseinandergesetzt, da es ihr gelungen war, gleich so viele Dinge, die ich abgrundtief hasse, in nur einem einzigen Satz unterzubringen. Da ich – der ich damals noch viel und oft Alkohol trank – vorhatte, am Freitagabend meine Sorgen in einem Glas Sauvignon Blanc von der Größe meines Kopfes zu ertränken, war mir klar, dass ich an dieser ulkigen Samstagmorgen-Sause nicht teilhaben konnte – nur bei der Formulierung meiner Absage hatte ich wie so oft Probleme.

Gehen wir mal kurz durch, was in dieser Situation meine Möglichkeiten gewesen wären: Ja, ich hätte natürlich die Wahrheit sagen können.

»Frau Barbara, das klingt ja absolut fürchterlich. Wenn Sie denken, dass ich um sechs Uhr morgens wach bin, und dann auch noch eine Rede vor Ihren ›Kids‹ halten möchte, haben Sie sich gewaltig geschnitten. Lieber würde ich mir sämtliche Adam-Sandler-Filme am Stück ansehen! Hier die E-Mail-Adresse von Sami Slimani, der ein besserer Mensch ist als ich und der das bestimmt *gerne* macht!«

Stets bemüht darum, die Gefühle meiner Mitmenschen zu

schützen und nicht wie der Misanthrop zu wirken, der ich eigentlich bin, entschied ich mich also für die zweite – und einzig logische – Variante: Lügen! »Liebe Frau Barbara, das klingt ja mega toll! Leider bin ich am Samstagmorgen geschäftlich in Lissabon. Beste Grüße und toi toi toi an die Kids!«, tippte ich im ersten Entwurf meiner Mail frech vor mich hin.

»Aber Michael, ist es nicht irrsinnig egoistisch von dir, Menschen, die dich höflich um einen Gefallen bitten, anzulügen?«, fragt ihr euch bestimmt, euren Zeigefinger anklagend in Richtung dieser Zeilen gerichtet. Au *contraire*, liebe Leserin und lieber Leser! Wie ich euch bereits kurz in meinem ersten Buch erklärt habe, lüge ich nicht, weil ich mir die Poleposition in der Hölle sichern möchte (wo – unter uns – wahrscheinlich ohnehin bereits seit Jahren ein lauschiges Plätzchen für mich reserviert ist), sondern, weil ich es vermeiden will, die Gefühle meiner Mitmenschen zu verletzen. Denn meine Lügen gestalten nicht nur mein eigenes Leben, sondern auch das der anderen um einiges angenehmer.

So wie ich es sehe, ist gezieltes Lügen ein Anzeichen für gute Manieren. Ähnlich wie »Bitte« und »Danke« sagen, zählt für mich auch der Ausruf »Ja, Klaus, diese hautenge Lederhose im Leoparden-Print steht dir wirklich sehr gut!« zum guten Ton. Was Unwahrheiten (und schnittige Uniformen!) betrifft, sind Airline-Mitarbeiter meine absoluten Vorbilder. Sie belügen uns ständig nach Strich und Faden, nur um den Frieden zu wahren. »In zehn Minuten ist Ihre Maschine zum Einsteigen bereit!«, sagen sie fröhlich und lassen dann eine Stunde lang nichts mehr von sich hören, während wir alle schwitzend an Gate 32A vor uns hin vegetieren.

Aber lügen sie aus Jux und Tollerei, weil wir gerade Dienstag haben und sie gerne ihre Fähigkeiten als Moderatoren von »Verstehen Sie Spaß?« trainieren möchten? Nein. Sie wissen einfach, was viele von uns noch lernen müssen: Zu viel Ehrlichkeit stört die Harmonie. Stellt euch vor, sie würden sagen: »Uff. Also die Maschine können Sie *frühestens* in 50 Minuten betreten – und selbst dafür würde ich meine Hand nicht ins Feuer legen!«

Unvorstellbar! Die Köpfe der Business-Männer würden der Reihe nach explodieren, während sämtliche Millennials schon mal anfangen würden, ihre passiv-aggressiven Tripadvisor-Bewertungen zu verfassen. Unwissenheit ist in diesem Fall wirklich ein Segen. Ähnlich wie Flughafenangestellte lasse ich also gerne mal die ein oder andere Wahrheit aus, um die Nerven meiner Mitmenschen nicht überzustrapazieren.

Wie ihr euch vorstellen könnt, habe ich aufgrund dieser locker-flockigen Attitüde über die Jahre mehr fabrizierte Geschichten erzählt als die Gebrüder Grimm; mal, um die Gefühle meiner Mitmenschen zu wahren, und mal, um mich selbst in besserem Licht darzustellen. In diesem Buch findet ihr nicht nur die schönsten, schrägsten und schaurigsten Notlügen und Flunkereien meines Lebens, nein, auch für heimliche Täuschungen, gekonntes Verschweigen und maßlose Übertreibungen ist in dieser wahnwitzigen Anekdotensammlung Platz.

Egal ob ich gelogen habe, um als schwuler Teenager an einer katholischen Privatschule akzeptiert zu werden, um meine Magersucht zu vertuschen, oder ob ich Dominik dazu genötigt habe, so zu tun, als wären wir verheiratet, um im Urlaub von einem exklusiven »Honeymoon-Rabatt« zu profitieren – ich bin nicht stolz auf meine Unwahrheiten, aber ich hatte immer ziemlich gute Gründe dafür.

Um mein Karma ein kleines bisschen aufzubessern, findet ihr am Ende dieses Buches außerdem ein waghalsiges Selbstexperiment, in dem ich mich doch tatsächlich getraut habe, eine ganze Woche ohne Lügen auszukommen. Ich habe es überlebt, so viel sei verraten.

Also: Muss ich immer lügen? Nein, aber ich finde, es gehört zum guten Ton. Was die Leute nicht wissen, kann ihnen auch nicht die Stimmung vermiesen. Guten Gewissens verschicke ich an jenem Morgen also meine erlogene Absage an die bemühte Lehrerin und bin wieder mal irrsinnig zufrieden mit der Win-win-Situation, die ich soeben kreiert habe: Frau Barbara denkt weiterhin, ich sei ein guter Mensch, und findet bestimmt eine andere Überraschung für ihre Zöglinge. Wer weiß, vielleicht gefällt diese den Kids sogar noch besser als ein lallender YouTuber, der lieber woanders wäre. Und während die Jugendlichen beschwingt für den guten Zweck laufen, kann ich indes tief schlummernd von einer Welt träumen, in der wir alle ein bisschen mehr lügen.

Früh lügt sich

»Hören Sie, es tut mir sehr leid, dass Ihre Katze einen Unfall hatte«, sagte der Airline-Mitarbeiter streng, »und das auch noch ausgerechnet an Ihrem Geburtstag. Aber ich kann Sie leider nicht ohne Ausweis ins Flugzeug lassen! Sie können gerne Ihren Pass oder einen anderen gültigen Ausweis von zu Hause holen und mit einem späteren Flugzeug nach Berlin fliegen.«

Wie unhöflich! Ja, rein objektiv gesehen entsprachen sowohl die Behauptung über meine Katze als auch die Sache mit dem Geburtstag nicht ganz der Wahrheit, da sie zu 100% gelogen waren. Ich hatte noch nicht mal eine Katze, und selbst wenn ich eine hätte, warum sollte sie dann ausgerechnet in Berlin wohnen, während ich in Wien residiere? Das ergibt schlichtweg keinen Sinn.

Obwohl ich die Details dieser Oscar-reifen Lüge eindeutig nicht gründlich genug durchdacht hatte, war ich davon ausgegangen, dass mir gezieltes Flunkern, kombiniert mit meinem treffsicheren Charme, mal wieder aus der Patsche helfen würden. Ich hatte mich schon darauf eingestellt, im Flugzeug Richtung deutsche Hauptstadt zu sitzen und meinen Tomatensaft feierlich zu erheben, während ich schallend lachen würde. »Ein weiteres Mal durch Lügen zum Sieg!«, hätte ich mir gesagt.

Aber nein, nicht dieses Mal. Ich hatte meine Lektion gelernt: Der Flughafen war wohl einer der wenigen Orte, an denen ein nettes Lächeln und eine kleine Notlüge kein bisschen halfen.

Melancholisch dachte ich an meine Jugend zurück, die Zeit, in der ich gelernt hatte, dass man sämtliche Regeln brechen durfte, wenn man dabei immer furchtbar nett war und die Wahrheit nur ein kleines bisschen überzog. Dabei hätte mir, der auf dem österreichischen Land groß geworden ist und mehr oder weniger katholisch erzogen wurde, doch klar wie Kloßbrühe sein sollen, dass Lügen kurze Beine haben und – außer vielleicht ganz fantastisches Schauspiel-Training – selten Gutes mit sich bringen.

Ich denke, ähnlich wie meine Vorliebe für einen guten Krimi geht dieser Schlamassel auf den Einfluss meiner Mutter zurück. Im Jugendalter wurde ich an jedem Schultag von meiner Mutter geweckt, die um sieben Uhr morgens mit einem derart strengen Blick in mein Zimmer kam, als wollte sie Schimmel inspizieren.

Da ich dafür bekannt bin, selbst den lautesten Wecker der Welt gekonnt zu verschlafen, war großes Durchsetzungsvermögen erforderlich, um mich aus dem Bett zu bekommen. Für gewöhnlich wankte ich nach diesem für beide Parteien äußerst mühsamen Weckritual halb tot zum Frühstückstisch, vertilgte mein Brötchen und machte mich im Tempo eines gelangweilten Faultiers auf den Weg in die Schule.

Alle drei Monate etwa aber hatte meine Mutter einen anderen Plan für uns: »Was wäre, wenn du heute die Schule schwänzt und wir gemeinsam nach Wien fahren? Shoppen?«, fragte sie mich dann. Anfangs war ich von diesem Angebot immer gänzlich schockiert.

»Schule schwänzen???«, erwiderte ich dann völlig aufgebracht. »Aber heute erwarten mich doch 20 spannende Referate im Deutschunterricht und in der Englischstunde wollen wir uns zum dritten Mal *Die Farbe Lila* ansehen!« In Anbetracht dieses Lehrplans dämmert mir rückblickend betrachtet übrigens, dass der Großteil unserer Lehrer offenbar ebenfalls keine Lust auf Schule hatte und wohl genauso gerne geschwänzt hätte.

»Du fehlst doch ohnehin so selten!«, entgegnete meine Mutter, als wäre sie die Schlange aus dem Garten Eden und wolle mich in Versuchung führen. »Komm schon, ich schreibe dir eine Entschuldigung!« Mehr brauchte es auch nicht, um mich zu überzeugen – 20 Minuten später saßen wir bereits im Zug und eine weitere Stunde später aß ich Eclairs in einem Wiener Feinkostladen.

Wenngleich ich meine Mutter nicht als schlechtes Vorbild bezeichnen würde, wurde mir durch Aktionen wie diese schon damals vermittelt, dass sämtliche »Regeln«, »Fristen« und »Deadlines« pro forma sind und, ähnlich wie Geschwindigkeitsbeschränkungen oder der Hinweis, Alkohol nicht mit Red Bull zu mischen, nicht wirklich für mich gelten.

Muss ich an dieser Stelle überhaupt noch erwähnen, dass meine Lügen aufgrund meiner neuen »Mein Stundenplan ist doch nur ein *Vorschlag*!«-Attitüde bald überhandnehmen sollten? Und dafür brauchte ich noch nicht mal mehr die Hilfe meiner Mutter.

Ich besuchte gerade die 11. Klasse, als unser Direktor stolz eine Neuerung der Schule präsentierte: »Von nun an gibt es ein *virtuelles* Klassenbuch!«, kündigte er an, als hätte er das Rad neu erfunden. »Hier wird *virtuell* eingetragen, wer kommt und geht. Aufgrund dieses Systems werden Fehlstunden nun mit nur einem Mausklick *virtuell* angezeigt!«

Mein Instinkt sagte mir, dass in seinem »Ein Fremdwort am Tag!«-Kalender an diesem Tag das Wort »virtuell« gestanden hatte.

Das virtuelle Klassenbuch wäre in der Tat eine tolle und hochsichere Neuerung gewesen, hätten die meisten Lehrer als Passwort dafür nicht einfach *ihre Nachnamen* verwendet. Dies fiel mir auf, als unsere Französischlehrerin, Frau Gruber, bei der Eingabe des Passworts laut mit sich selbst sprach. »Passwort: Gruber«, und dann buchstabierte sie auch noch ihren eigenen Nachnamen: »G-R-U-B-E-R! Und ich bin drin!«, rief sie stolz, wie ein Hacker in einem SciFi-Film.

Mein Wissen über den Zugang zum Klassenbuch, kombiniert mit der Tatsache, dass ich zu diesem Zeitpunkt bereits sämtlichen Gehorsam über Bord geworfen hatte, verhießen nichts Gutes für die Entwicklung meiner Ehrlichkeit. Mir dämmerte, dass ich ungestraft fehlen konnte, wenn ich mich im Namen meiner Lehrerin selbst aus dem virtuellen Klassenbuch austrug und die Austragung am Morgen nach meinem Fernbleiben einfach wieder löschte.

Die gesamte 11. Klasse lang war ich daher ein Gespenst: Menschen erzählten von mir und manche behaupteten sogar, mich hie und da gesehen zu haben, aber meistens war ich einfach nicht da. Wo war ich stattdessen? Ihr habt es erraten: in Wien, wo ich meistens alleine, manchmal aber auch mit Schulkameraden, die Teil meines Komplotts waren, ungestraft das süße Nichtstun genoss.

Seit meiner Schulzeit sind mittlerweile zwar zig Jahre vergangen, aber ich darf euch freudig berichten, dass ich nach wie vor mit Vorliebe Regeln breche und Sonderbehandlungen einfordere. Eigentlich ist es in den meisten Fällen wirklich simpel: Man muss nur ein bisschen nett zu Personen sein, die eine Machtposition innehaben, und ihnen genug Honig ums Maul schmieren, und dann darf man auch schon Dinge tun, die sonst eigentlich verboten sind. Probiert es mal aus!

Wenn ich Türsteher lieb frage, tun sie so, als würde ich auf der Gästeliste stehen. Beim Mittagessen mit Freunden immer dann lauthals »UND NOCH MAL ALLES GUTE ZUM GEBURTSTAG, BIANCA!« zu rufen, wenn gerade ein Kellner vorbeigeht, ist ein treffsicherer Weg, um gratis Desserts für alle zu garantieren. Und 2015 habe ich es sogar geschafft, ohne Ticket auf eine dreitägige Konferenz zu gelangen, weil ich besonders nett darum gebeten habe.

Eine Affinität zum Regelbruch, kombiniert mit ungezwungenem Charme, machen die »Buchinger-Methode« (wie ich sie liebevoll nenne) zu einer gefährlichen Strategie, die nie in die Hände von Terroristen-Gruppen kommen darf. Stolz kann ich behaupten, dass ich diese Methode seit Jahren anwende und dass sie mein Leben um einiges leichter macht.

Klingt doch fantastisch, oder? Umso grausamer war das Erwachen, als ich feststellen musste, dass die »Buchinger-Methode« zwar an der Feinkost-Theke und in der Schule gut funktioniert, in wichtigen Situationen wie etwa am Flughafen allerdings nur in etwa so viel ausrichten kann wie eine Tasse Kamillentee gegen pochende Kopfschmerzen.

Es war im Sommer 2016, als ich beruflich nach Berlin reisen sollte, um an einer dreitägigen, bezahlten Video-Produktion teilzunehmen. Da ich zu diesem Zeitpunkt in meinem Leben so gierig nach Geld schnappte, als wäre ich Super Mario auf Münzen-Jagd, sagte ich zu, bevor ich überhaupt das Thema der Videos erfahren hatte.

Alleine reisen ist ein oft notwendiger und selten angenehmer Teil meines Alltags. Da ich bereits mehrere Male einfach mein Handgepäck im Flugzeug liegen gelassen oder stundenlang am völlig falschen Terminal gewartet hatte, fühle ich mich immer unwohl, wenn ich keine gut organisierte Person an meiner Seite habe, die mich durch den Flughafen lotst, als wäre ich ein alter, gebrechlicher Mann.

Deshalb verreise ich meist nur ohne Begleitung, wenn am Ende des Trips eine Gage auf mich wartet.

Ich war gerade am Flughafen Wien angekommen und ganz begeistert davon, dass bislang noch gar nichts schiefgegangen war, als ich bemerkte, dass ich gar keinen Reisepass dabeihatte. Aber kein Grund zur Panik! Selbst ich als jemand, der immer nur den »Kultur«-Teil der Tageszeitungen liest und lange Zeit glaubte, dass James Cameron – der Regisseur von *Titanic* – nebenbei Premierminister des Vereinigten Königreichs war, hatte am Rande mitbekommen, dass man definitiv keinen Reisepass mehr brauchte, um von Wien nach Berlin zu reisen. Immerhin hatte ich meinen Boarding-Pass doch bereits auf dem Handy, war durch den Security-Check gekommen und saß schon am Gate. Bei den meisten Flügen wurde doch gar nicht erst nach einem Ausweis verlangt, und selbst wenn: Ein anderes Ausweis-Dokument, wie etwa mein Führerschein, würde in diesem Fall sicher reichen.

Das war der Moment, in dem ich bemerkte, dass ich auch keinen Führerschein, geschweige denn mein Portemonnaie bei mir trug. In der Aufregung, die ich bei diesen Solo-Reisen empfinde, hatte ich es doch glatt zu Hause liegen lassen. Typisch Michi! Würde mir meine *Dunkin-Donuts*-Stempelkarte, die ich soeben am Boden meines Rucksacks gefunden hatte, in das Flugzeug helfen?

Ach, papperlapapp! Als würde ausgerechnet *heute* jemand nach meinem Ausweis fragen, wo ich doch in den letzten drei Jahren bei Flügen im Schengen-Raum kein einziges Mal darum gebeten worden war. Ich entspannte mich wieder.

Die Schlange am Gate Nummer 18 hatte sich natürlich schon

eine halbe Stunde, bevor weit und breit auch nur ein einziger Airline-Mitarbeiter zu sehen war, gebildet, da es offenbar immer noch Menschen gibt, die denken, dass sie durch ihre Eile früher als alle anderen Passagiere am gemeinsamen Ziel ankommen könnten.

Nachdem jedoch die Durchsage gekommen war, dass das Flugzeug nun zum Einsteigen bereit sei, bemerkte ich, wie sämtliche Passagiere gebeten wurden, gemeinsam mit dem Boarding-Pass auch ihren Ausweis herzuzeigen. Ausgerechnet heute! Ich beschloss also, das zu tun, was ich immer tue, wenn ich mich in der Klemme befinde: Ich griff auf die gute alte Buchinger-Methode zurück.

»Boarding-Pass und Ausweis bitte!«, sagte der Airline-Mitarbeiter lächelnd zu mir, woraufhin ich erst mal ziemlich lange und tief in meinem Handgepäck kramte, wie Mary Poppins in ihrer magischen Tasche. Die Leute lieben es, wenn man sie durch ein bisschen Slapstick zum Lachen bringt, und ich fühlte, wie ich während dieser Aktion unzählige Sympathie-Punkte sammelte.

»Hmm, ich habe hier meinen Boarding-Pass für Sie …«, leitete ich ein, während ich mein Handy herzeigte, »aber Ausweis habe ich heute leider keinen dabei. Ich Schussel habe mein ganzes Portemonnaie zu Hause liegen lassen! Hoppla!« So würde ich doch sicher allen Anwesenden signalisieren, dass mein fehlender Ausweis nun wirklich keine große Sache war.

»Es tut mir leid, aber Sie müssen sich schon ausweisen, um ins Flugzeug zu kommen«, entgegnete mir der Mitarbeiter, der laut seines Namensschilds den Namen »Herr Pfahl« trug. Na toll! Ich beschloss, den Charme noch eine Spur aufzudrehen. Zwar kann ich nicht viel, aber charmant sein ist wohl eine meiner Stärken, für die mich Schwiegermütter und kleine Kinder besonders lieben.

In einem Ton, den ich rückblickend betrachtet als »super charmant« und »als wären wir alte Freunde« bezeichnen würde, erklärte ich Herrn Pfahl mein Problem. »Ich war vorhin so nervös, weil ich heute alleine fliegen muss. Wir alle sind Menschen, Herr Pfahl, und als Menschen passieren uns ab und zu Fehler. Auch ich bin nun mal nicht perfekt!«, erklärte ich behutsam, so als würde ein Gerücht über mich zirkulieren, dass ich absolut makellos sei.

Kurz spielte ich mit der Idee, meinen neuen Kumpel augenzwinkernd zu fragen, ob es eine »Frau Pfahl« gab, verwarf diesen Gedanken aber schnell wieder.

Seine Stirn legte sich in Falten. »Das stimmt natürlich, aber die Vorschrift ...«

Umpf, immer diese Vorschriften! In diesem Wortgefecht war ohnehin schon Hopfen und Malz verloren, also zog ich wirklich alle Register und fiel ihm ins Wort.

»Schauen Sie«, sagte ich nun, denn wir alle wissen, dass Sätze, die mit »Schauen Sie« anfangen, wirklich wichtige Informationen enthalten. »Ich muss heute nach Berlin. Eigentlich wollte ich meinen Geburtstag entspannt in Wien verbringen, aber offenbar hatte jetzt meine Katze einen Unfall – da ist man einmal ein paar Tage weg ...«, schwafelte ich nun vor mich hin und war wirklich völlig außer Rand und Band mit meinen Unwahrheiten. Als wäre es Leuten, die Geburtstag haben, erlaubt, sich an ihrem Ehrentag ein Flughafen-Gesetz auszusuchen, das sie brechen dürfen.

Herr Pfahl, der mir meinen Bullshit keine Sekunde lang abkaufte, wurde langsam ungeduldig. »Hören Sie, es tut mir sehr leid, dass Ihre Katze einen Unfall hatte«, sagte er augenrollend, »und das auch noch ausgerechnet an Ihrem Geburtstag, aber ich kann Sie leider nicht ohne Ausweis ins Flugzeug lassen! Sie können gerne Ihren Pass oder einen anderen gültigen Ausweis von zu

Hause holen und mit einem späteren Flugzeug nach Berlin fliegen.«

Ich sah ihn mit großen Augen an, in der Hoffnung, doch noch ein bisschen Mitleid zu erhaschen. Doch dieses Glück sollte mir verwehrt bleiben.

»Leider ist es heute absolut unmöglich, ohne Ausweis ins Flugzeug zu gelangen«, legte er schließlich nach – eine Aussage, die meiner Meinung nach sehr passiv-aggressiv wirkte.

»Nun, man hielt es einst auch für ›unmöglich‹, einen tonnenschweren Metallvogel voller Passagiere durch die Lüfte fliegen zu lassen, aber sehen Sie an, wo wir jetzt sind!«, wollte ich antworten und passiv-aggressiv auf einen Wikipedia-Artikel zum Thema »Flugzeuge« verweisen. Da wir mittlerweile aber von den übrigen Passagieren und Angestellten beobachtet wurden, wäre es mir unangenehm gewesen, mich an Ort und Stelle in Mariah Carey zu verwandeln.

Geknickt gab ich auf – es war das erste Mal seit Langem, dass jemand nicht gewillt war, die Regeln auch nur ein klein bisschen für mich zu verbiegen, und ich fühlte mich machtloser als der »Vorher«-Mann in einer Viagra-Werbung.

Unter der Beobachtung all der Passagiere, die hinter mir angestanden und das Spektakel mitverfolgt hatten, drehte ich mich um und machte mich auf den Weg zurück in meine Wohnung. Obwohl ich relativ problemlos noch am selben Tag einen anderen Flug bekam und es rechtzeitig zu Drehbeginn nach Berlin schaffte, sollte ich an diesem Tag eine Lektion lernen, die ich eigentlich schon im Jugendalter hätte lernen sollen.

Regeln und Gesetze sind keine flexiblen Vorschläge, die man nach Lust und Laune befolgen kann, und auch definitiv nicht dazu da, um gebrochen zu werden. Obwohl es in manchen Situationen des Alltags durchaus okay ist, freundlich um Ausnahmen zu bitten, sollte ich bevorzugte Behandlung auf keinen Fall erwarten und muss mich von Zeit zu Zeit einfach Autoritätspersonen unterordnen. Manchmal hilft da auch keine Buchinger-Methode.

Mit meinem Verhalten wäre ich wohl auf Dauer sowieso nicht durchgekommen. Stellt euch vor, ich wäre über die Jahre immer machttrunkener geworden und hätte eines Tages versucht, mithilfe der Buchinger-Methode eine antike Vase aus einem Museum zu entwenden, weil ich den Eindruck hatte, dass sie sich gut auf meinem Beistelltisch von IKEA machen würde. Wahrscheinlich würde ich euch diese Zeilen dann aus dem Gefängnis schreiben, wo ich den Großteil meiner Zeit damit verbringen würde, einen Hacker-Angriff auf das »virtuelle Strafregister« zu plotten.

Rückblickend bin ich also sehr froh, meine Lektion an einem Ort gelernt zu haben, an dem der Regelbruch relativ wenige Folgen für mich hatte.

Aber wirklich – musste das *ausgerechnet an meinem Geburtstag* passieren?

Mein Leben als
Anonymer Antialkoholiker

»Er ist endlich da! Der Michael Buchinger Frizzante Blanc – ein prickelndes, sommerliches Getränk für eine perfekte Party mit Freunden!«, posaunte ich beim Dreh zum Video anlässlich der Veröffentlichung des relativ unkreativ betitelten »Michael Buchinger Frizzante« in die Kamera und es war wirklich keine Lüge: Ich hatte dieses Getränk vor einigen Monaten im Rahmen einer umfangreichen Sprudel-Verkostung probiert und, wenn ich mich recht erinnere, als »ganz okay eigentlich« bezeichnet.

Der Frizzante war mein zweiter Versuch, Alkohol als Fanartikel zu meinen Videos zu verkaufen. Da ich mir über die vergangenen Jahre einen Ruf als Schluckspecht aufgebaut hatte, war dieses Unterfangen meiner Meinung nach eine meiner besseren Ideen und in etwa so sinnvoll, als würde Garfield seine eigene Lasagne verkaufen.

Doch anders als sonst, kippte ich mir bei diesem Dreh nicht Alkohol hinter die Binde, als wolle ich die Traumata meiner Kindheit vergessen. Stattdessen nippte ich nur äußerst zurückhaltend an meinem Sektglas und schüttete, nachdem die letzte Klappe gefallen war, seinen Inhalt vorsichtig auf den Rasen. »Zurückhaltend« und »vorsichtig« sind Worte, die noch nie jemand verwendet hat, um meinen Alkoholkonsum zu beschreiben. Ganz im

Gegenteil: Eher waren Worte wie »hemmungslos« und »langsam besorgniserregend« gefallen.

Meine Zaghaftigkeit hatte den Grund, dass ich seit vier Monaten keinen Tropfen Alkohol getrunken hatte und nun vor der Kamera so tun musste, als hätte ich in letzter Zeit nichts anderes getan. Ich hatte mal wieder das Taktgefühl einer Dampfwalze: Vor einem halben Jahr hatte ich aus einer Laune heraus beschlossen, einen Frizzante herauszubringen, und drei Monate danach, ebenfalls aus einer Laune heraus, dem Alkohol abgeschworen. Wer weiß, vielleicht würde ich mir bereits nächsten Monat die Lippe tellern lassen und nach Afrika ziehen?

Da Alkohol von einem Neo-Antialkoholiker zu kaufen in etwa so gut klingt, wie sich ein Tattoo von jemandem stechen zu lassen, dessen Körper mehrere stark entzündete Tätowierungen zieren, waren mal wieder meine Schauspielkünste gefragt; und weil ich über die emotionale Bandbreite einer Topfpflanze verfüge, gestaltete sich das Unterfangen äußerst schwierig.

Aber warum lebte ich zu diesem Zeitpunkt überhaupt trocken? Nun, meine Beziehung zu Alkohol kann wohl am ehesten als stürmische »On/Off!«-Beziehung beschrieben werden, wie man sie sonst nur von Rihanna und Drake aus diversen Klatschmagazinen kennt.

Im Sommer des Jahres 2016 trank ich so regelmäßig, dass ich schon stark grübeln musste, um mich erinnern zu können, wie es sich anfühlte, nüchtern zu sein.

Ein besonders fataler Abend, den ich später genauer beschreiben werde, sollte meine Entscheidung, das Trinken an den Nagel zu hängen, endgültig festigen. Ich wollte eine kleine Pause einlegen, bevor ich als Person endete, die sich vornimmt, weniger zu trinken, und am nächsten Tag eine Packung *Mon Cheri* kauft und dann manisch und mithilfe eines Strohhalms den Rum aus der lästigen Schoko-Hülle saugt.

Dabei kann ich offen und ehrlich behaupten, dass ich mein erstes alkoholisches Getränk erst Wochen, nachdem es für mich legal war, zu mir nahm.

Ich erinnere mich, dass damals ein Mitschüler Rum in einer PET-Flasche mit in den Unterricht genommen hatte und wir in der großen Pause alle einen Schluck davon nahmen. Ähnlich wie mein erstes Mal von allen Dingen, die ich später ziemlich toll finden sollte (Käse, Scrabble und Sex), fand ich auch meinen ersten Schluck Alkohol absolut ekelhaft und war fest davon überzeugt, dass er bereits eine Sekunde nach Konsum seine Wirkung zeigte.

Ähnlich benommen wie Alice im Wunderland wanderte ich durch die Gänge meiner Schule, in panischer Angst, dass ich jeden Moment aufgrund meiner Fahne dem Gelände verwiesen und eine negative Verhaltensnote wegen »Trunkenheit in der großen Pause« bekommen würde.

Stunden später kam ich von der Schule nach Hause, lief an meiner Mutter vorbei schnurstracks in mein Zimmer und hörte dort, von Schuldgefühlen geplagt, den Song »Rehab« von Amy Winehouse in Dauerschleife. Und das nach einem Schluck Rum – war es an der Zeit, in die Betty-Ford-Klinik einzuchecken?

Da ich schon mit dieser geringen Menge an Alkohol genug Spaß für die ganze Woche gehabt hatte, musste ich unbedingt mehr davon haben. So wurde es zu meinem Steckenpferd, mich an Wochenenden mit Freunden in Bars zu treffen und Drinks mit ulkigen Namen wie »Kamikaze Overkill« und »Flaming Lamborghini« zu trinken. Letzterer wurde brennend serviert, was meiner Meinung nach ein Zeichen dafür war, dass das Getränk meinem Körper besonders gut tun würde.

Anders als die meisten Jugendlichen trank ich nicht nur, um lustiger und ausgelassener zu wirken, sondern genoss es auch, dass die nervigeren meiner Mitmenschen durch meinen Alkoholkonsum lustiger und, ja, sogar interessant wirkten. Nervige Artgenossen wie mein Bekannter Armin, der ständig nur von seinen drei Hamstern erzählen wollte, erschienen mir durch den Schleier einer Flasche billigen Rotweins wie brillante Gesellschaft. *Oh Armin, bitte erzähl mir noch mehr über all den schusseligen Schabernack, den deine Hamster den ganzen Tag lang so treiben!*

Mein Alkoholkonsum war natürlich amateurhaft: Zu diesem Zeitpunkt habe ich nie alleine getrunken, und wenn Alkohol mit Freunden floss, dann nur am Wochenende. Es kam mir zu diesem Zeitpunkt nicht einmal in den Sinn, mir alleine wochentags auch nur ein Glas von etwas, das nicht in der »Säfte & Softdrinks«-Abteilung des Supermarktes steht, zu gönnen. Ich trank noch nicht mal Coca-Cola nach 15 Uhr, aus Sorge, nachts wach zu liegen. Alleine Alkohol trinken? Niemals!

Wie sich das Blatt wenden kann! Meine Ansichten änderten sich abrupt, als ich von zu Hause auszog. Einsam und unsicher, war das Einzige, was mir in meiner kahlen Wohnung nachts zu Schlaf verhalf, billiger Weißwein, den ich mit Vorliebe aus Gläsern trank, die ich aus Clubs hatte mitgehen lassen. Angesäuselt wie Judy Garland in einem Weihnachts-Special schunkelte ich schon bald durch mein neues Zuhause und konnte mich nur schwer davon abhalten, ausgelassen Pirouetten zu drehen.

Ich kann nicht einmal von mir behaupten, dass ich je ein sonderlich exzessiver Trinker war. Natürlich gab es in meiner Jugend Abende, in denen mein Mageninhalt in Fontänen aus mir sprühte, aber damals war ich ja auch nach einem Schluck Rum bereit für das 12-Schritte-Programm der Anonymen Alkoholiker. Heute weiß ich zumeist, wann ich genug habe, und höre auf zu trinken, bevor ich anfange, den Leuten meine Zunge ins Ohr zu stecken, und sie zwinge, mich *Papi* zu nennen.

Eher fand ich bedenklich, dass ich mit Anfang 20 aus den völlig falschen Gründen trank. Anders als in all diesen Alkoholwerbungen, in denen eine Gruppe Freunde unterschiedlicher Ethnien im Sommer gemeinsam auf der Terrasse sitzt, flippige Hüte trägt und zu einem coolen Reggae-Soundtrack Volleyball spielt, griff ich am ehesten zur Flasche, wenn ich nervös war oder meinem Alltag entkommen wollte.

Vor meinem ersten Referat an der Uni gönnte ich mir etwa ein Glas Rotwein – und das um 10 Uhr morgens. Dass ich dafür eine Eins bekam, bestätigte mich nur in meinem Alkoholkonsum. In stressigen Situationen beschwichtigte das Trinken meine Anspannungen und ich scherze nicht einmal, wenn ich behaupte, dass ich mit einem Wodka-Shot im Blut besser rückwärts einparke als ohne.

Ihr habt es erraten: Diese Einstellung ist auch der Grund, warum ich früher in vielen meiner YouTube-Videos Alkohol trank. Nach einem Glas Weißwein sprudeln die Worte aus meinem Mund, als wäre ich Talkshow-Moderator. Schon bald war ich der festen Überzeugung, dass ich jeden schlechten Tag mit ein bisschen Vino zu einem guten Tag machen konnte. Ich weiß nicht, wie ihr das seht, aber für mich klingt das nach einer relativ ungesunden Einstellung.

Längst vergangen waren die Tage, in denen ich meine Nase über Leute rümpfte, die alleine tranken: Nur zu gut verstand ich jetzt, wovon sie immer alle brabbelten. Weinkorken sammelten sich in meiner Wohnung, als würde ich mich auf ein besonders aufwendiges Pinterest-Projekt vorbereiten. Mittlerweile waren meine zwei Gläser Wein am Tag so sicher wie das Amen in der Kirche. Ähnlich wie die meisten schlechten Haarschnitte, erkennt man auch ein ungesundes Verhältnis zu Alkohol bei sich selbst eben erst nach seinen Mitmenschen.

Einmal schlug ich einer Redakteurin bei einem Online-Magazin vor, ein waghalsiges Selbstexperiment zum Thema »Ich habe eine Woche lang keinen Alkohol getrunken!« zu schreiben, und bekam von ihr die Antwort, dass eine Woche lang nichts trinken eigentlich für die meisten Menschen ziemlich gewöhnlich sei. Zu diesem Zeitpunkt dachte ich, *sie* wäre die Verrückte von uns beiden.

Ein anderes Mal erreichte mich eine Mail von einem völlig fremden Mann, der mir riet, Alkohol nicht als mein Äquivalent zu Popeyes Spinat zu sehen.

»Noch hast du deinen Alkoholkonsum vielleicht im Griff, aber ich fürchte, dass du bald die Kontrolle darüber verlieren könntest!«, schrieb er, vermutlich, weil er nebenbei als Hellseher arbeitet.

»Unfassbar – was weiß diese Person schon über mich?!«, murmelte ich und musste so stark lachen, dass ich dabei um ein Haar meinen Drink verschüttet hätte.

Ich trank regelmäßig Alkohol, meine Mitmenschen machten sich allmählich Sorgen und ich selbst leugnete mein Problem natürlich. Ihr seht, alle typischen Warnsignale waren da, doch natürlich brauchte es erst einen kleinen Exzess, um mich selbst auf mein Verhalten aufmerksam zu machen.

Es war an einem der ersten Abende des Jahres 2016, als ich Freunde zu einem Abendessen in meine Wohnung eingeladen hatte – und mit »Abendessen« meine ich natürlich kein selbst gekochtes Drei-Gänge-Menü, sondern lediglich, dass mir ein

70€-Foodora-Gutschein zur Verfügung stand, den ich selbstloserweise gemeinsam einlösen wollte.

Obwohl ich meine Gäste erst ab 20 Uhr erwartete, öffnete ich in typischer Michael-Buchinger-Manier bereits um 17 Uhr das erste Bier. Es macht mich immer ein bisschen nervös, Gäste in meiner Wohnung willkommen zu heißen. Aus Sorge, sie könnten in meinem trauten Heim herumschnüffeln und meine Sauberkeit kritisieren wie die Kandidaten beim *perfekten Dinner*, beginne ich immer schon besonders früh zu putzen – und zu trinken!

Genüsslich nippte ich also an meinem kühlen Blonden, während ich mit Staubsauger und Putzlappen durch die Wohnung fegte. Das Aufräum-Bier ist meine Version des Mary-Poppins-Klassikers »Ein Löffelchen voll Zucker«. Mit einer flinken Handbewegung säuberte ich sämtliche Tischoberflächen und Regale, meinen Laptop und Fernseher mit einem feuchten Schwamm, und ehe ich am Boden meiner Bierflasche angekommen war, funkelte meine Wohnung mehr als je zuvor.

»Zeit für eine Belohnung!«, dachte ich mir, öffnete das zweite Bier und beschloss, mir Jennifer-Lawrence-Interviews auf YouTube anzusehen.

»Jnnifr Lawrnc«, tippte ich in das Suchfeld, als mir mein Fehler auffiel.

»Jnnr Lwrnc«, probierte ich es ein zweites Mal. Irgendetwas stimmte mit meiner Tastatur nicht.

»Jnnnnnnn Lnnnnnnncccc«, war mein letzter Versuch, bevor es mir wie Schuppen von den Augen fiel: War der feuchte Schwamm, mit dem ich meinen Laptop gereinigt hatte, vielleicht zu feucht gewesen?

Bei näherer Inspektion musste ich feststellen, dass die Tastatur meines Notebooks triefend nass war und immer weniger funktionierte, je mehr ich auf sie einhämmerte (was, nebenbei bemerkt, meine bevorzugte Reparatur-Methode für alles ist). Weil ich zu diesem Zeitpunkt regelmäßig Kolumnen schrieb, versuchte ich, schnell noch die wichtigsten Dokumente zu retten, als sich das Gerät plötzlich vollkommen abschaltete.

Panisch drückte ich den Power-Button, doch mein Notebook ließ sich nicht mehr starten. Wenige Minuten nach dieser schockierenden Erkenntnis kamen auch schon die ersten Gäste eingetrudelt. »Mein Laptop funktioniert nicht mehr! Ich glaube, meine Daten sind verloren!«, platzte es ohne Hallo aus mir heraus. Mein guter Freund Gerald versuchte mich zu besänftigen, während ich in einer Ecke saß, den Kopf zwischen meine Knie legte und verzweifelt vor- und zurückwippte, als wäre ich soeben Zeuge eines Dreifach-Mordes geworden.

»Das ist alles halb so schlimm, Michael. Ich bin sicher, du hast ein Back-up gemacht!«, sagte er mit sanfter Stimme.

Natürlich nicht!

Wieso sprechen die Leute eigentlich nie über Daten-Back-ups, wenn alles noch eitle Wonne ist? Ich verstehe es wirklich nicht. Sobald mein Laptop bereit für die Schrottpresse ist, sind alle empört und sprechen von Back-ups, als wären sie der neue Herbst-Trend: »Wieso hast du denn kein Back-up gemacht?«

Weil mir nie jemand gesagt hat, dass ich eines machen muss!

Also, liebe Leserinnen und Leser, wenn ihr sonst nichts aus diesem Kapitel mitnehmt, dann merkt euch wenigstens eines: Bitte macht immer Back-ups.

Panisch köpfte ich das dritte Bier.

Obwohl ich mich nach dem Essen durchaus noch im Stande fühlte, eine Boeing 747 in Betrieb zu nehmen, war ich in Wahrheit ähnlich beschwipst wie ein Pensionist beim Frühschoppen und überschätzte mich ungemein. Als wir schließlich meine Wohnung verließen, um eine Party zu besuchen, hielt ich es für eine super Idee, meinen Freund Robert von hinten anzurempeln, was im betrunkenen Zustand meine Art und Weise ist zu sagen: »Hey, ich freue mich auf einen schönen Abend!«

Dinge wie diese wirken immer sehr süß, wenn Zooey Deschanel sie tut, aber ich sehe dabei wohl eher wie ein Pinguin aus, der Geschlechtsverkehr mit einer Schildkröte haben möchte. Was ich erst viel zu spät bemerkte, war die Tatsache, dass Robert gerade eine SMS auf seinem neuen iPhone tippte, welches bei unserem Zusammenprall zu Boden fiel und in mehrere Einzelteile zersprang.

Zwei Dinge waren in diesem Moment wohl allen Anwesenden klar:

1. Lasst Michael heute nicht mehr in die Nähe von elektrischen Geräten, geschweige denn von Schusswaffen.
2. Vielleicht sollte Michael mal versuchen, eine Zeit lang weniger Alkohol zu trinken, bevor seine Versicherung ihn als »extrem hohes Risiko« einstuft.

Da ich an diesem Abend en passant einen Schaden von insgesamt 3 500 € angerichtet hatte, beschloss ich also, dem Alkohol eine Zeit lang abzuschwören. In einer besonders dramatischen Geste nahm ich am nächsten Morgen sämtliche Flaschen mit alkoholischem Inhalt aus dem Kühlschrank und kippte das Zeug in die Spüle, während ich den Leonard-Cohen-Klassiker »Hallelujah« anstimmte.

An dieser Stelle möchte ich anmerken, dass mir das Trockensein – für jemanden, der regelmäßig trank – wirklich gar nicht mal so schwer fiel. Im Grunde genommen geht es ja eigentlich nur darum, eine gewisse Sache – also das Alkoholtrinken – *nicht* zu machen, und wenn ich eines gut kann, dann ist das Dinge nicht machen.

»Das war's, ich trinke keinen Alkohol mehr!«, sagte ich noch am selben Tag mit einer Endgültigkeit zu meiner Freundin Lucia, als hätte ich soeben beschlossen, ins Kloster zu ziehen.

Lucia lernte ich in einem Club kennen, als wir gerade beide die Aufmerksamkeit des Barkeepers erlangen wollten. Da Barkeeper mich immer mindestens genauso sehr ignorieren wie eigentlich alle attraktiven Männer, gestaltete sich dieses Unterfangen äußerst schwierig für mich. Doch Lucia, das Mädchen neben mir, bot an, für mich mitzubestellen. Wir gerieten ins Plaudern, leerten miteinander unsere soeben bestellten Getränke und wurden sofort Freunde.

Viele feuchtfröhliche Ausgehabende waren die Folge. Lucia ist die Sorte Person, die eine ganze Nacht lang trinken kann wie ein Pirat und dir am nächsten Abend, während du noch immer halb tot im Bett liegst und einen Gott, dessen Existenz du oft leugnest, um Erlösung bittest, eine SMS mit dem Inhalt »Und was machen wir heute???« schreibt. Ich lüge ausnahmsweise nicht, wenn ich sage, dass ich sie noch nie bei Tageslicht gesehen habe.

Vor dem Treffen in unserer Stammkneipe hatte ich mir ausgemalt, dass Lucia mir gut zureden und begeistert entscheiden würde, nun ebenfalls trocken zu leben, um mich auf meinem steinigen Weg zur Nüchternheit zu unterstützen. Doch sobald ich angekündigt hatte, dem Alkohol abzuschwören, verdunkelte sich ihre Miene.

»Was? Neeein! Mit wem soll ich denn dann meinen Wein trinken?«, fragte sie mit einer Empörung, die sie sich sonst für das

Ende der Happy Hour aufhebt. Dunkel erinnerte ich mich, dass Lucia meinen viermonatigen Umzug nach Berlin nur halb so schwer auffasste.

Sie redete auf mich ein und erklärte mir, dass ich definitiv kein Alkoholproblem hatte. »Ein Problem hat man erst, wenn man seinen Verpflichtungen aufgrund einer Sucht nicht mehr nachgehen kann!«, erläuterte sie, als hätte sie den Wikipedia-Eintrag zum Thema »Alkoholabhängigkeit« ein paar Mal zu oft gelesen.

Ich stimmte ihr zu, aber gab zu bedenken, dass ich einmal in meinem Englischstudium ein Referat, ausgerechnet auch noch zum Thema »Addictive substances«, nicht halten konnte, weil ich am Vortag Gin Tonics getrunken und verschlafen hatte. War es nicht besser, mit einem Laster aufzuhören, bevor es mein Leben noch mehr beeinträchtigte? »Mach, was du willst«, sagte sie, »aber ich hoffe, du erwartest dir keine Unterstützung von mir!«

Lucias Reaktion sollte nur eine kleine Sneak Preview auf ein spannendes Phänomen sein, das ich nun bei einigen Mitmenschen beobachten sollte. Es gibt doch tatsächlich Leute, die herb enttäuscht sind, wenn man keinen Alkohol mehr trinkt. Sie bekommen dann wohl das Gefühl, als würde ein fundamentaler Teil der Freundschaft verloren gehen. Dabei möchte ich doch nur keinen Alkohol trinken und nicht etwa ein Schweigegelübde ablegen.

Hat man sich erst mal über die Jahre einen Ruf als Schnapsdrossel aufgebaut, die für jeden Spaß zu haben ist, ist es äußerst unangenehm, in einer Runde von Leuten zu sitzen, die sich Alkohol hinter die Binde kippen, als würde morgen die Welt untergehen, während man selbst einen Rooibos-Tee genießt. Alle anderen werden dann ganz krampfig und unentspannt; ähnlich wie ich, wenn Freunde Babys bekommen und ich in ihrer Gegenwart aufhören muss, Kinder als »geldfressende Schrei-Monster« zu bezeichnen.

Aus Sorge, ein sozialer Außenseiter zu werden, den niemand mehr auf seine Partys einlud, beschloss ich also, einfach zu lügen und meinen Antialkoholismus geheim zu halten. »Ich kann heute nicht trinken, ich nehme Antibiotika!« wurde zu meiner Standard-Ausrede für entfernte Bekannte. Bei engeren Freunden, die wussten, dass mich rezeptpflichtige Medikamente noch nie vom Alkoholkonsum abgehalten hatten, war es ein Stückchen schwieriger.

Doch schon bald sollte ich lernen, dass die meisten Menschen ohnehin zu sehr mit ihren eigenen alkoholischen Ambitionen beschäftigt sind, um zu bemerken, dass es aus meinem Weinglas verdächtig nach Apfelsaft duftet und meine Bierdose ulkige Aufschriften wie »0% Alkohol, 100% FUN!« trägt.

Ich widmete dem falschen Trinken von Alkohol viel Zeit und wurde so gut darin, dass ich staatliche Förderungen dafür erhalten sollte. Man spendierte mir Drinks, die langsam, aber sicher in die Topfpflanze neben mir wanderten, und ich musste feststellen, dass Kellner gar nicht mal so schockiert sind, wenn man »Drei Wodka-Shots und einmal Wasser in einem Shot-Glas!« bestellt, auch wenn einen das natürlich ein bisschen wie einen Sexualstraftäter klingen lässt.

So führte ich alle hinters Licht; außer Lucia, die als Einzige mein Geheimnis kannte. Regelmäßig beobachtete sie mich von der anderen Seite des Lokals bei meiner Scharade und warf mir teuflische Blicke zu, wie ich sie sonst nur von Disney-Bösewichten kannte. Zum Glück hatte ich sie nach unserem Gespräch zu absoluter Verschwiegenheit verpflichtet. Unter absolut keinen Umständen durfte sie das doppelte Spiel entlarven, das ich hier spiele. Nicht zuletzt, da ich die nüchterne Gesellschaft betrunkener Menschen mittlerweile ein bisschen zu sehr liebte.

Unterhaltungen mit Betrunkenen zu führen ist nämlich so, als würde man einer Gruppe Senioren erklären, wie man E-Mails verschickt: In ihren Augen ist man ein Genie. Meine angetrunkenen Freunde fanden mich interessant, sympathisch und selbst meine langweiligsten Witze lösten ausnahmslos jedes Mal ungeheuerliches Gelächter aus. »Du bist so geistreich, Michael!«, lallten sie, während sie zwischen Lachattacken nach Luft schnappten, und das nur, weil ich »zum Bleistift« gesagt hatte. Ich stand kurz davor, für beknackte Aussagen wie diese einen Comedy-Preis zu bekommen.

Endlich gaben mir meine Mitmenschen die Anerkennung, die mir gebührte. Nicht selten verbrachte ich daher auch den »Morgen danach« beim Brunch mit diesen Trunkenbolden, die zumeist am Tisch herumlümmelten, als wären sie am Set des neuesten »Hangover«-Films. Nichts macht mir mehr Spaß, als nüchtern einen Kater zu faken: Man darf exzessiv viele Kohlehydrate zu sich nehmen, nur Nonsens labern und zwischendurch für bedenklich lange Zeit auf die Toilette verschwinden. Mit den Ellenbogen am Tisch abgestützt versuchte ich, den vergangenen Abend zu rekonstruieren, obwohl ich in Wahrheit seit 6:30 Uhr auf war, bereits Yoga gemacht hatte und eine Runde Joggen gegangen war.

Nach einem trockenen Monat merkte ich die vielen Vorteile, die mein neuer, solider Lebensstil mit sich brachte: Ich konnte jeden Morgen früh aufstehen, ohne noch betrunken vom Vorabend zu sein, und hatte daher sehr viel Energie. Nebenbei hatte ich zwei Kilo abgenommen, ohne weniger gegessen zu haben, und auch meine Haut war deutlich besser geworden. Den größten Vorteil bemerkte ich aber erst, als ich gegen Monatsende einen

Kassensturz machte und entsetzt feststellen musste, dass ich ordentlich im Plus war. Was war los? Hatte ich etwa unabsichtlich das Portemonnaie einer vollbusigen Prostituierten eingesteckt? Noch nie zuvor hatte ich am Ende eines Monats über so viel Geld verfügt.

In diesem Moment wurde es glasklar: Obwohl ich mir immer einredete, dass Alkohol mein Leben und meine Laune so viel besser machte, hatte sich mein Leben durch das Weglassen meiner einstigen Lieblingsdroge ausschließlich zum Guten gewandt. Mit Ausnahme dieses affigen sozialen Drucks, den manche Leute ausüben, gab es keinen einzigen Grund, meine Entscheidung zu bereuen.

Wenn da bloß nicht dieser verflixte Frizzante wäre! Wie bereits erwähnt, hatte ich mehr als ein halbes Jahr zuvor beschlossen, nach meinem ersten Wein nun auch ein weiteres alkoholisches Getränk in meinem Online-Shop zu verkaufen. Wäre ich allein an diesem Unterfangen beteiligt gewesen, hätte ich die Sache schneller sausen lassen als die meisten meiner Diät-Vorsätze. Der Frizzante war aber eines dieser Projekte, an dem insgesamt zehn Menschen beteiligt waren; von dem Winzer, mit dem wir kooperierten, bis hin zu einem Vertriebspartner, Grafiker und Webdesigner würden viele engagierte Menschen mit leeren Händen dastehen, nur weil ich eine »Eat, Pray, Love«-artige Transformation durchlebt und dem Alkohol abgeschworen hatte.

Ich redete mir gut zu: Nur, weil ich aktuell keinen Alkohol trank, war das ja kein Grund, meinen Followern nicht dennoch einen guten Tropfen ans Herz zu legen. Immerhin war ich auch dafür bekannt, Freunden während meiner vegetarischen Phase die besten Steak-Restaurants in der Umgebung zu empfehlen.

Also filmte ich den eingangs beschriebenen Werbespot und

wirkte darin in etwa so echt wie Lindsay Lohan in diesem Fernsehfilm über Elizabeth Taylor. Kein Wunder, nachdem ich darin über ein Getränk sprach, an dessen Geschmack ich mich beim besten Willen nicht erinnern konnte. Kurz nachdem das Video online war, erreichte mich eine SMS von Lucia, die mein besonders schlechtes Schauspiel offenbar überzeugt hatte.

»Du trinkst wieder Alkohol? Halleluja! Heute um 19 Uhr Drinks in unserer Stammkneipe?«

Unfassbar! Wie ein Aasgeier hatte sie darauf gewartet, dass ich schwach wurde.

»Nein, nur Schauspiel. Trinke nach wie vor keinen Alkohol«, textete ich zurück.

»Noch immer? Ist deine Haut mittlerweile nicht rein genug? Brauche meinen Trinkbuddy zurück!«, antwortete sie kess.

Ach herrje. Lucia verstand einfach nicht, dass meine Alkoholabstinenz nichts mit oberflächlichen Dingen wie meinem Gewicht oder meiner Haut zu tun hatte. Spätestens als ich versehentlich Amok gegen sämtliche Apple-Produkte gelaufen bin, ist mir aufgefallen, dass ich – sowie die meisten meiner Bekannten – eine relativ ungesunde Beziehung zu alkoholischen Getränken habe.

Ich bin nervös? Am besten trinke ich Wein. Ich sollte meine Wohnung aufräumen, habe aber eigentlich keine Lust dazu? Schnell ein Bier! Ich bin traurig, weil sich ein Typ nicht mehr bei mir meldet? Nur Wodka und Adele können helfen.

Aufgrund meiner – für meine Verhältnisse – langen Abstinenz war ich irrsinnig stolz auf mich. Ich hatte eindeutig meine Lektion gelernt und beschloss, das strikte Alkoholverbot ein bisschen zu lockern. Nachdem ich fünf Monate abstinent gelebt hatte, tastete ich mich daher langsam wieder an den Genuss alkoholischer

Getränke heran und machte es mir zum Credo, meine Alkohol-
einheiten als Genussmittel und nicht als Ersatz für eine Therapie-
stunde zu betrachten.

Ähnlich wie die meisten Dinge, die eigentlich nicht sonderlich
gut für den Körper sind, versuchte ich, Alkohol zu etwas Besonde-
rem zu machen. Corinna und Julia heiraten endlich? Na klar stoße
ich mit Champagner auf sie an – nach langer Abstinenz reicht
allerdings ein Glas auch aus, damit ich absolut berserkerhaft zu
den Hits von Lionel Richie das Tanzbein schwinge.

Eine Zeit lang klappte es wirklich gut, nur zu besonderen
Anlässen zu trinken. Anfangs nippte ich nur einmal im Monat
behutsam an einem Glas Wein und stellte fest, dass mir der
Geschmack überhaupt nicht mehr zusagte. Doch schon kurze Zeit
später erwischte ich mich dabei, plötzlich die banalsten Dinge
zu »besonderen Anlässen« zu deklarieren. »So jung kommen wir
nicht mehr zusammen!« oder »Heute in genau zwei Monaten habe
ich Geburtstag – darauf trinken wir!«, verkündete ich also gerne
mal und stand kurz davor, den Champagner zu köpfen, wenn
Freunde ihren Handytarif wechselten. Getrunken wurde zweimal
im Monat, dann wöchentlich, dann dreimal in der Woche. Trotz
meiner anfänglichen Motivation war ich innerhalb weniger
Monate wieder genau dort, wo ich eigentlich nicht mehr hin
wollte: Ich trank jeden Tag, und das gerne auch alleine und mit
fadenscheinigen Begründungen.

Es soll ja Menschen geben, denen es gelingt, »nur ein Glas«
zu trinken und wieder aufzuhören, wenn es genug ist. Sicher sind
das die gleichen Menschen, die *gerne* Sport machen und sich als
»kleine Sünde« hie und da eine Dattel gönnen. Mittlerweile kenne
ich mich gut genug, um zu wissen, dass ich einer von ihnen bin.
Ich bin mehr eine »Ganz oder gar nicht«-Persönlichkeit. Das hat

durchaus seine Vorteile – Bücher verschlinge ich etwa innerhalb weniger Tage –, bringt allerdings auch den großen Nachteil mit sich, dass ihr in meiner Küche sicherlich keine halb vollen Chipstüten, Eisbecher oder Weinflaschen finden werdet. Nur eine Handvoll Chips essen? Wer bin ich? Eine kleine genügsame Elfe, die nachts in einer Teetasse schläft?

Daher habe ich also beschlossen, gar keinen Alkohol mehr zu trinken. Ich möchte mich nicht zu weit aus dem Fenster lehnen: Beim Schreiben dieser Zeilen habe ich gerade mal 200 trockene Tage hinter mir – wenngleich es Promi-Ehen gibt, die nicht so lange gehalten haben, ist das nicht rekordverdächtig. Werde ich dem Alkohol für immer fernbleiben? Ich wünsche es mir, aber ich will es an dieser Stelle mal lieber nicht versprechen. Dennoch ist es langsam an der Zeit, mich auf Instagram nicht mehr unter Bildern von gigantischen Weinflaschen mit dem Kommentar »@michibuchinger Was für dich??? xD« zu verlinken.

Rückblickend betrachtet ist mein neues Leben ohne Alkohol – trotz all dieser anfänglichen Lügen, wie man sie sonst wohl nur vom *Denver-Clan* kennt – eine meiner bislang besten Entscheidungen. Ich bin selbstbewusster geworden, weil ich weiß, dass ich auch ohne Alkohol ein lustiger und rhetorisch begabter Mensch sein kann und dabei auch noch Unmengen an Geld spare.

Mir ist außerdem aufgefallen, dass einige meiner Freundschaften ausschließlich auf Alkohol basierten. Wenngleich ich glaube, dass Lucia ein fabelhafter Mensch ist, muss ich mich schon fragen, wie gut eine Freundschaft sein kann, wenn sie ausschließlich mit 1,5 Promille funktioniert. Ich glaube, im Rahmen meiner Abstinenz ist uns beiden bewusst geworden, dass wir abseits unserer Vorliebe für Hochprozentiges leider nur sehr wenig gemeinsam haben.

Vor allem aber bereue ich inzwischen, in meinen Videos und Texten jahrelang einen leichtherzigen und freizügigen Umgang mit Alkohol propagiert und so getan zu haben, als wäre er so wohltuend wie ein Spa-Wochenende, während ich in Wahrheit schon damals meine Probleme damit hatte. Mein Hang zum Lügen sollte euch mittlerweile aber nicht mehr überraschen.

Eine mauritische Lüge

Jetzt, wo ich schon dabei bin, Geheimnisse zu enthüllen, als hätte jemand ein Wahrheits-Serum in meinen fünften Kaffee des Tages gekippt, kann ich gleich die nächste *Truth Bomb* platzen lassen: Obwohl es oftmals nicht so wirkt, bin ich eigentlich ein relativ sparsamer Mensch.

Wirklich wahr! Die meisten meiner Möbel kommen von einer schwedischen Kette und wurden von mir in schweißtreibender Arbeit und unter Verwendung der buntesten Schimpfwörter selbst zusammengebaut. Meine Kleidung ist eine Mischung aus supergünstigen Vintage-Teilen und im Ausverkauf ergatterter Markenkleidung. Ich halte *Babybels* für den Gipfel der Extravaganz und hochwertige Bettwäsche ist vielleicht der einzige Alltagsgegenstand, für den ich gerne mal etwas mehr bezahle – und bei den vielen Stunden, die ich schlafe, zahlt sich das wirklich aus!

Natürlich verwehre ich mir keine Genüsse, wenn ich wirklich Lust darauf habe. Aber wenn sich die Möglichkeit ergibt, ein bisschen Geld zu sparen, bin ich sofort an Bord, wie ein rüstiger Pensionist, der Coupons aus Tageszeitungen ausschneidet und den Euro als »Teuro« bezeichnet.

Meine strenge Art des Wirtschaftens hat ihre Wurzel in meiner panischen Angst, eines dieser tragischen Schicksale zu erleiden, von denen man immer in der Zeitung liest: Sina Maccaroni (Name frei erfunden) erlebt gerade mal zwei finanziell erfolgreiche Jahre mit ihrem Start-up, einem Streaming-Dienst, den sie selbst als »das Netflix der Kriegsdokus« bezeichnet, und beschließt daher, erst mal eine Yacht und eine Villa im Süden Frankreichs zu erwerben, um ihrem Instagram-Feed diesen gewissen *#goals*-Faktor zu geben.

Das dritte Jahr von Sinas Start-up ist aber alles andere als erfolgreich, da sich herausstellt, dass weltweit nur eine Handvoll Menschen Kriegsdokus mag, geschweige denn eine nach der anderen schauen möchte, und plötzlich hat sie einen Schuldenberg, den sie auch durch den Verkauf von Villa und Yacht nicht abbezahlen kann. Ich weiß nicht, wie es euch geht, aber mein *#goal* ist das nicht, und daher führe ich Buch über meine Einnahmen und Ausgaben, als könne mich schon der nächste *Pumpkin Spice Latte* in den finanziellen Ruin treiben.

Die größten Ausgaben, die ich habe, sind Urlaube. Urlaube sind für mich ein notwendiger Faktor, um ein zurechnungsfähiger Mensch zu bleiben. Ich brauche mindestens einmal im Jahr einen schönen Ausflug in ein anderes Land, um nicht auf offener Straße fremde Menschen zu beißen, wenn ich das Gefühl habe, dass sie sich unter der durchschnittlichen Gehgeschwindigkeit von fünf km/h bewegen.

Nun habe ich allerdings Ansprüche an Hotels, die selbst Mariah Carey als »extravagant« bezeichnen würde. Sehe ich bei meiner Internetrecherche, dass in einem Resort Getränke aus Plastikbechern serviert werden, schließe ich so hastig den Tab, wie ich es sonst nur tue, wenn ich beim Googeln von »Zac Efron shirtless« erwischt werde.

Weitere absolute Hotel-No-Gos sind für mich:

- Kein Roomservice. Wie ein hungriger Waschbär, der in einer Mülltone wühlt, möchte auch ich manchmal alleine essen – und zwar im Bett, während ich die *Kardashians* schaue.
- Bilder von Kindern, die Spaß haben, auf der Webseite. Wenn ich beim Abendessen mit anhören muss, wie die Rasselbande am Nachbartisch lautstark *Peppa Wutz* auf dem iPad schaut, verlange ich mein Geld zurück.
- Kein Fitnessraum, oder nur ein sehr mickriger. Ich brauche einen Fitnessraum, der im Idealfall über Laufbänder mit eingebauten Bildschirmen verfügt, um mir jeden Tag sagen zu können: »Aber heute mache ich Sport!« Und es dann nicht zu tun.
- »Doppelbetten«, die eigentlich aus zwei zusammengeschobenen Einzelbetten bestehen, wie in einer Sitcom aus den 1950er Jahren. Wo wir schon bei Betten sind: Die Fadenzahl der Bettwäsche ist wichtiger, als man denkt. Alles unter 200 fühlt sich an wie Sandpapier. Ich habe ohnehin schon die Haut eines 15-Jährigen, der sich nur von Pizza ernährt – ich brauche nicht auch noch Schürfwunden als Ergänzung.

Ein Hotel zu finden, das all diesen Kriterien entspricht, ist vor allem eines: Teuer! Umso entzückter war ich, als ich bei der Planung eines Mauritius-Urlaubs im vergangenen Winter auf der Webseite eines Luxus-Resorts einen fantastischen Deal entdeckte: »Sie erhalten 30% Rabatt, wenn Sie Ihre Flitterwochen oder Ihren Hochzeitstag bei uns verbringen!«, lockte ein buntes Banner frisch verheiratete Paare auf die Insel im Indischen Ozean.

Ich weiß natürlich ganz genau, dass ein Angebot, das im ersten Moment zu gut klingt, um wahr zu sein, das in der Regel auch ist. Unzählige Male war ich schon auf Aktionen hereingefallen, die mich mit »50% RABATT AUF DAS GESAMTE SORTIMENT!!!« lockten, nur um dann im Kleingedruckten zu erfahren, dass diese Regel ab einem Einkauf von einer Trilliarde Euro galt, der Aktionszeitraum längst in der Vergangenheit lag und ohnehin nur 50 Minuten gedauert hatte.

Panisch suchte ich also nach einem Sternchen oder dem Kleingedruckten bei diesem Angebot. Doch meine gründliche Suche blieb erfolglos: Wenn ich es richtig verstand, musste man bei dieser Hotelkette nur ein Häkchen bei »Wir verbringen unsere Flitterwochen hier« machen, um fast ein Drittel weniger zu bezahlen. Ich konnte es kaum glauben!

Das einzige Hindernis blieb natürlich, dass mein Freund Dominik und ich eigentlich nicht verheiratet waren. Aber die Tatsache, dass Pärchen, die noch nicht vor den Traualtar getreten waren, in diesem Resort 30% mehr zahlen mussten, schürte in mir die Sorte Wut, die die ideale Grundlage für sämtliche Lügen bildet.

Meine Affinität zu guten Sparangeboten, kombiniert mit meiner Vorliebe zu Flunkereien, führte dazu, dass ich nun flugs zu Dominik ins Nebenzimmer rief: »Dominik, würde es dich stören, für zwei Wochen so zu tun, als wären wir frisch verheiratet?« Dominik, der meine Lügenkomplotte mittlerweile schon gewöhnt war, sie meistens aber nicht goutierte, stellte gar keine Fragen mehr. In der Vergangenheit hatte ich ihn bereits gebeten, bei Mitmenschen so zu tun, als wäre ich mal wieder auf »Geschäftsreise«, wenn ich einfach nur ein paar Tage in Ruhe Netflix schauen wollte, oder meiner sorgsamen Mutter am Telefon zu vergewissern, dass ich nicht gerade mit 130 km/h über die Autobahn fegte, sondern in einem ruhigen Zugabteil saß und entspannt in der Bunten blätterte. Doch dies sollte mit Abstand unsere bislang größte Lüge werden. Und ihr wisst ja, was sie (und damit meine ich ausschließlich mich) immer sagen: Das Paar, das zusammen lügt, bleibt zusammen.

»Nein, macht mir nichts aus!«, schallte es aus dem Nebenzimmer zurück.

Urlaub und Lügen? Ich war aufgeregter als ein Schimpanse mit einer Banane. Und schon war der Urlaub gebucht!

Spulen wir also zwei Monate vor, in den Februar, als wir uns nach einem zehnstündigen Flug im Taxi zum Hotel befanden und mich doch erste Zweifel bezüglich meiner jüngsten Scharade überkamen: Was, wenn gleich beim Check-in jemand nach unserer Heiratsurkunde verlangte oder uns mit Fragen zur Trauung überhäufte? Klar, ich könnte noch immer darauf hinweisen, dass auf der Webseite keine Rede davon war. Aber was, wenn die Angestellten uns einfach anmerkten, dass wir keinesfalls verheiratet sein konnten?

Dominik und ich wirken nicht wirklich wie ein Ehepaar, was wahrscheinlich vor allem daran liegt, dass wir noch gerne Sex (miteinander) haben und einander nicht töten wollen. Wäre es nach mir gegangen, hätten wir den ganzen Urlaub lang die Rolle des frisch vermählten Paares gespielt, aber kurz nachdem ich Dominik gefragt hatte, an welche E-Mail-Adresse ich ihm unsere Charakterbeschreibungen und das Drehbuch für den Urlaub schicken solle, bat er mich, diese Lüge bitte nicht unnötig groß zu gestalten.

»Sie werden uns doch sicher nicht prüfen!«, wandte er ein. »Wenn jemand etwas über unsere Hochzeit fragt, überlasse ich einfach dir das Reden. Dir fällt doch sicher spontan was ein.« Nun gut! Ein bisschen enttäuscht darüber, dass ich umsonst so viele

Stunden in die Photoshop-Bearbeitung unserer Hochzeitsbilder investiert hatte, versprach ich, es mit der Lüge nicht zu übertreiben.

Ich beschloss, vorerst einfach die Landschaft zu genießen, die am Taxifenster vorüberzog. Immerhin war ich soeben im Paradies gelandet! Mauritius, so dämmerte mir bereits nach wenigen Minuten, ist eine sehr schöne, aber auch wirklich gegensätzliche Insel. Wir fuhren unterwegs durch kleine Ortschaften mit wohlklingenden Namen wie »La Flora« und »Rose Belle«, die auf die gleiche Weise wunderschön und ungepflegt aussahen wie Matthew McConaughey. Die Straßen waren eng und von Schlaglöchern überzogen.

Doch sobald sich die schweren Tore zur Einfahrt unseres Resorts öffneten, war das Landschaftsbild ein völlig anderes: Hohe Palmen, sorgfältig gemähter Rasen und riesige Golfplätze breiteten sich nun vor uns aus. Ich habe noch nie in meinem Leben Golf gespielt und auch nicht vor, damit anzufangen, begrüße es aber, wenn ein Hotel über einen Golfplatz verfügt. Denn wo golfende Männer sind, können ihre im-Spa-abhängenden, um-10-Uhr-morgens-Bloody-Marys-trinkenden Ehefrauen nicht weit sein, und mit diesen Artgenossinnen freunde ich mich am allerliebsten an.

Spätestens, als mir ein Hotel-Mitarbeiter meinen Koffer aus der Hand nahm und dort stattdessen einen ansehnlichen Begrüßungscocktail platzierte, dämmerte mir, dass wir soeben eine absolute Fantasiewelt betreten hatten, die in etwa so echt war wie unsere Ehe.

Die Insel ist überzogen mit über 1000 Hotels, von denen viele so groß sind wie ganze Dörfer und eine sehr verwestlichte Version des Paradieses präsentieren. Hier kann man problemlos Schnitzel snacken und auf deutschen Sendern die neuesten Folgen *Teenager werden Mütter* mitverfolgen, wenn man das denn möchte.

Deshalb machte ich mir auch absolut keine Sorgen, obwohl mich besorgte Freunde vorab zur Seite nahmen, um ein ernstes Wörtchen mit mir zu sprechen. Der Grund: Gleichgeschlechtliche Beziehungen werden auf Mauritius nicht anerkannt und Analverkehr ist dort illegal. »Ist es eine gute Idee, dann auch noch so zu tun, als wärt ihr verheiratet?«, wollten sie wissen. Ähm, ja. Es ist eine meiner besseren Ideen, sogar noch besser als mein Einfall, mit 39 Grad Fieber bis früh morgens in einen Club zu gehen, um dem Fieber zu zeigen, »wer hier der Boss ist«.

Ich verwarf also lediglich den Plan »Just Married!«-T-Shirts für Dominik und mich zu bestellen, die wir rund um die Uhr tragen würden, aber ich war mir ziemlich sicher, dass wir in dieser westlichen Disneyland-Version der Insel nicht gemobbt werden würden. Was sollte schon passieren? Würden uns die Kellner Austern servieren und sagen »Guten Appetit, ihr Schwuchteln!«?

Vorerst hatte ich keinen Grund zur Sorge: Obwohl sie sehr höflich war, ignorierte Anastasia, die Dame am Check-in-Schalter, unseren vermeintlichen Honeymoon zur Gänze. Wären es tatsächlich unsere Flitterwochen gewesen, hätte ich mich ob der fehlenden Glückwünsche vermutlich ein bisschen gekränkt gefühlt und ein Wörtchen mit ihrem Vorgesetzten gesprochen, aber da unsere Ehe in etwa so echt war wie die meisten Hollywoodbeziehungen, die zufälligerweise immer genau dann entstehen, wenn ein neuer Film mit dem frisch verliebten Paar in den Hauptrollen herauskommt, war ich froh, vorerst aus dem Schneider zu sein. Vielleicht würden wir ja den ganzen Urlaub lang nicht auf unsere Flitterwochen angesprochen werden? Ich hoffte es inständig.

Dieser Hoffnungsschimmer ging unter, als die Rezeptionistin

uns zu unserem Zimmer geleitete und die Tür für uns öffnete. Ich traute kaum meinen Augen: Überall, wo ich hinschaute – auf dem Bett, auf dem Boden –, waren unzählige Rosenblätter verstreut. Smoother Jazz dröhnte aus den Boxen und eine herzförmige Torte thronte auf dem Esstisch. Dieses Zimmer sah aus, als wäre Michael Bublé darin explodiert.

»Surprise!«, trällerte Anastasia. »Das ... ist Ihre Honeymoon-Suite!« Sie breitete stolz ihre Arme aus, als wäre sie Michael Jackson, der uns durch die Neverland Ranch führt. Während sie uns jede Ecke dieses entzückenden Zimmers zeigte, als würde sie uns mögliche Orte präsentieren, an denen wir Sex haben konnten, schickte ich ein kleines Stoßgebet an den lieben Gott: *Bitte, bitte, bitte lass sie am Ende dieser Tour durch dieses wahnsinnig schöne Zimmer nicht nach unserer Heiratsurkunde fragen.*

Ich wollte doch nur 30 Prozent Rabatt! Es war mir so unangenehm, dass wir diese Extras aufgrund einer klitzekleinen Lüge bekamen, und ich wollte nicht inmitten dieses Porno-Sets als Betrüger auffliegen. Doch ich hatte Glück: »Na dann ... lasse ich Sie mal ... alleine«, beendete Anastasia die Führung und konnte sich sicher nur schwer davon abhalten, zu zwinkern.

Puh, gerade noch davongekommen. Aus Scham nahm ich mir vor, beim Check-out ein gigantisches Trinkgeld zu hinterlassen. Völlig erschöpft – einerseits von der Anreise, andererseits von dieser besonders fordernden Lüge – ließ ich mich auf das blumenbedeckte Bett fallen. Wenn ich schon wenige Minuten nach unserer Ankunft so überfordert war, wie würde es mir dann erst in den kommenden Tagen ergehen?

Doch ich hätte mir keine Sorgen machen müssen, die übrigen Hotel-Angestellten verhielten sich äußerst diskret. So diskret sogar, dass eine Kellnerin während eines besonders romantischen Abendessens bei Kerzenschein an unseren Tisch kam und in einem Versuch des Smalltalks fragte: »Sind Sie Brüder?«

Besorgt, dass es sich bei dieser neugierigen Zeitgenossin um einen Spitzel handeln könnte, fabulierte ich gleich wieder los: »Aber nein! Wir sind ein Ehepaar, und das sind unsere Flitterwochen!«, berichtete ich, bevor ich leise »Wer hat dich geschickt?« flüsterte – eine Frage, die gänzlich ignoriert wurde.

Erst wenige Tage später, als wir mit einer Reisegruppe einen Ausflug unternahmen, war erneut mein Lügentalent gefragt. Eigentlich bin ich kein Fan von geführten Touren, aber da dieser Urlaub ohnehin schon eigenartig genug war, hatten wir wirklich nichts zu verlieren. Wie die meisten Reisegruppen, bestand auch diese illustre Runde aus Menschen, die so alt waren, dass ich Angst bekam, sie könnten während unserer Besichtigung des »exotischen Nordens« einen kleinen Ausflug in das »exotische Jenseits« unternehmen. Die Gruppe bestand hauptsächlich aus Deutschen, vereinzelten Österreichern und einem alten Schweizer Ehepaar, das bei absolut jeder Gelegenheit anbringen musste, dass es ein Haus »direkt am Zürcher See!« besaß. Sie erwähnten es bei der Vorstellungsrunde, später im Smalltalk und jedes Mal, wenn wir mit unserem Bus an einem Gewässer vorbeifuhren. »Oh, ein Fluss! Zu Hause, in der Schweiz, wohnen wir ja direkt am Zürcher See!«

Es war genau dieses Ehepaar, das Dominik und mich kurze Zeit später in eine ziemliche Misslage brachte. Wir besichtigten gerade die Notre Dame Auxiliatrice, eine Kapelle am Cap Malheureux, dem nördlichsten Teil der Insel, als ich mich zu Dominik drehte. In unserer Beziehung gibt es mehr Running Gags als in so mancher Sitcom und meine Lüge mit der Hochzeitsreise war einer von ihnen.

»Kirchen zu besichtigen erinnert mich immer an unsere eigene Trauung ...«, sagte ich offensichtlich scherzend zu meinem Fake-Gatten, während meine Augen sich in Erinnerung an diesen wunderbaren Tag mit Freudentränen füllten. »Schön, dass uns unsere Hochzeitsreise an solch einen magischen Ort bringt!« Dominik lachte und schüttelte seinen Kopf auf seine typische »Ach Michi! / Was habe ich mir da bloß eingebrockt?«-Art-und-Weise.

Woher hätte ich wissen sollen, dass das Schweizer Ehepaar direkt hinter uns stand und beide trotz ihres astronomischen Alters noch immer fantastisch hörten? Beim gemeinsamen Mittagessen im Restaurant des Zuckermuseums gaben sie die neu gewonnene Information natürlich direkt ins Plenum: »Wusstet ihr, dass wir hier zwei Flitterwöchner unter uns haben?«

Da wir zwar ein gleichgeschlechtliches Paar, aber gleichzeitig die Einzigen am Tisch waren, die keinen der beiden Weltkriege miterlebt hatten, wanderten alle Augen automatisch zu uns. »Ooooh, gratuliere!«, jaulten vereinzelte Touristinnen und ich hoffte, dass es nur bei Glückwünschen bleiben würde. Doch als Nächstes meldete sich eine deutsche Frau zu Wort: »Wo habt ihr denn geheiratet? In Wien?«, wollte sie wissen.

Wir befanden uns zu diesem Zeitpunkt nicht im Hotel und es hätte wahrscheinlich absolut keine Folgen gehabt, zu erklären, dass es sich um ein Missverständnis handelte und wir nicht wirklich verheiratet waren. Da ich aber immer daran interessiert bin, meine Lügen weiter auszubauen, erschien mir dieser Moment wie das perfekte Training.

»Aber nicht doch!«, antwortete ich also einfach, noch ungewiss, in welche Richtung ich mein Lügennetz spinnen würde, und bereute meine Antwort sofort. Wenn wir nicht in Wien geheiratet hatten, wo denn bitte dann? »Den Antrag hat mir mein Dominik in Wien gemacht, ja, ja, das war seeehr romantisch«, erklärte ich in einem Versuch, Zeit zu schinden.

Da hatte ich plötzlich einen super Einfall.

»Aber verpartnert haben wir uns schließlich im Burgenland, wo wir auch beide herkommen«, erklärte ich. Vereinzelte Anwesende nickten wissend – vermutlich die Alkoholiker, denn diese kennen das Burgenland in der Regel gut, aufgrund des Weins, der dort in rauen Mengen angebaut wird.

Nun, da ich in Schwung war, war es schwer, mich zu stoppen. »Am Morgen waren wir beim Standesamt – eingetragene Partnerschaft, Sie wissen Bescheid –, aber gefeiert haben wir schließlich in einem Restaurant direkt am Ufer des Neusiedler Sees ...«

Die Schweizerin schnappte nach Luft. »Aha! Wir wohnen auch dir...«

Ich warf ihr einen Blick zu, der sagte »Nicht jetzt, du Angeberin«, und sie verstummte wieder.

»Dort haben wir in dieser lauen Sommernacht bei einem fantastischen White Dinner mit unseren engsten Freunden und unseren Familien dieses unfassbare Geschenk, das wir ›Liebe‹ nennen, gefeiert.« Klar, ich hätte hier einfach aufhören können, aber wo ich nun schon in Fahrt war, beschloss ich, gleich aufs Ganze zu gehen. »Mein absolutes Highlight war – neben der selbst gebackenen dreistöckigen Hochzeitstorte unserer Freundin Sandra und dem Auftritt von Conchita – diese unglaublich berührende Rede, die mein Ehemann an diesem Abend hielt. Seine Worte werde ich nie vergessen ...« Ich blickte in die Ferne und tupfte etwas an meinem Auge herum, was hoffentlich so aussah, als würde ich mich vor Rührung kurz fassen müssen. »Dann haben wir bis zum Sonnenaufgang mit unseren Gästen gefeiert! Einfach unvergesslich!«, beendete ich meine Lüge. Ende gut, alles gut! Die meisten Reisenden schienen zufrieden mit dieser Antwort und gingen zu anderem Smalltalk über, aber die neugierige Deutsche war im vollen Miss-Marple-Modus und wollte nicht lockerlassen.

»Oh, eine Sommerhochzeit?«, fragte sie.

»Ganz recht!«, antwortete ich. *Habe ich das nicht gerade erzählt? Konzentrier dich, Lady!*

»Wie ungewöhnlich, dass Sie Ihre Flitterwochen dann erst ein halbes Jahr später machen ...«

»Wie bitte?«

»Na ja, jetzt haben wir Februar. Die meisten Paare machen die Hochzeitsreise doch relativ knapp *nach* der Hochzeit.«

Ihr Blick senkte sich nun langsam auf meine Hände, die kein Ehering zierte, und wanderte schließlich auf Dominiks, die genauso unberingt waren. Es hätte mich nicht gewundert, wenn ich erfahren hätte, dass diese Hobby-Spürnase in diesem Urlaub bereits fünf Krimis gewälzt hatte.

Nun, da ich schon angefangen hatte ausführlich zu lügen, wollte ich nur ungern auffliegen und beschloss, mein Loch noch viel tiefer zu buddeln.

»Das ist natürlich richtig ...«, stammelte ich und warf einen Hilfe suchenden Blick zu Dominik, der desinteressiert in seiner Mahlzeit stocherte, »aber mein Schatz und ich wollten ein bisschen ... Geld sparen!«, sagte ich schließlich. »2017 war ein kostspieliges Jahr mit der Hochzeit, dem Umbau, der Blinddarm-OP ...« Zu diesem Zeitpunkt listete ich einfach wahllos Dinge auf, die nach hohen Ausgaben klangen.

»Da dachten wir uns, die Hochzeitsreise kann ja wirklich warten!«, kam ich schließlich zum Ende. Alle schwiegen betreten – über Geld sprach nun wirklich niemand gern. Auch meine deutsche Kommissarin nickte verständnisvoll. Entweder sie glaubte mir, oder die Energie für dieses Verhör war ihr ausgegangen. So oder so war ich froh, endlich vom Haken zu sein, und atmete erleichtert auf.

»Wissen Sie«, meldete sich nun ein Mann von der anderen Seite des Tisches zu Wort, »manche Hotels hier bieten Rabatte für Hochzeitsreisende an!«

Ich setzte gekonnt eine pseudo-entsetzte Miene auf. »Waaas? Hätten wir das mal gewusst ...!«

Freudig darf ich euch berichten, dass mein mauritischer Lügen-Limbo mit dieser Interaktion sein Ende fand. Obwohl ich nach wie vor angespannt blieb, wollten im übrigen Urlaub weder Hotelangestellte noch andere Reisende Details über Dominik und mich wissen, und ich konnte jedwede menschliche Interaktion großräumig umgehen – genau so sollte ein Entspannungsurlaub meiner Meinung nach sein. Deshalb konnte ich mich endlich meiner wahren Berufung widmen: Wie ein angeschwemmter Wal am Strand liegen.

Zwei Wochen später, beim Auschecken, warf die Rezeptionistin (es war – zum Glück! – nicht die kokette Anastasia) noch mal einen Blick auf den Bildschirm vor sich. »Oh, ich hoffe, Sie haben Ihre Flitterwochen genossen!«, trällerte sie zuckersüß.

»Ja, auf jeden Fall! Es war seeehr entspannend hier! Genau das Richtige nach der stressigen Hochzeit!« Aber stimmte das? Nicht das mit der Hochzeit – das war natürlich so erlogen wie die meisten meiner Sexualpartner (Ups! Kleiner Spoiler für das kommende Kapitel Like a Virgin). Ich spreche von der Entspannung: War der Urlaub wirklich so entspannend, wie ich behauptete, oder hatte ich die Entspannung mit meinen Lügen und der ständigen Angst, erwischt zu werden, bereits im Keim erstickt?

Ja, ich hatte überaus gut gewirtschaftet. Mit dem Geld, das ich in diesem Urlaub gespart hatte, konnte ich mir locker 500 Pumpkin Spice Lattes kaufen. Aber war dieser Betrag es wirklich wert, paranoid wie ein Doppelagent beim Abendessen zu sitzen, in der Sorge, jede Sekunde auf eine Hochzeit angesprochen zu werden, die nie stattgefunden hatte?

Sagen wir so: Bei meiner nächsten Reise zahle ich gerne ein bisschen mehr und komme dafür ohne unangenehme Situationen aus. Ich hatte zwar 30 Prozent weniger bezahlt, aber dafür auch 30 Prozent mehr Anspannung erlebt. Ähnlich wie zu einem organisierten Ausflug mit einer wahnsinnig neugierigen Pensionisten-Gruppe kann ich auch hierzu getrost sagen: »Einmal und nie wieder!«

Mama, ich bin ein Internet-Star!

An einem lauen Sommermorgen ging ich in Begleitung meiner Mutter durch den Eisenstädter Schlosspark, als in der Ferne eine fremde Stimme aufgebracht meinen Namen rief: »Michael! Michael!« Ich drehte mich um. Am Horizont erkannte ich ein aufgeregt winkendes zierliches Mädchen, das in etwa in meinem Alter sein musste und mit einem Stift in der Hand auf mich zugerast kam. Oh nein! Wie sollte ich das jetzt bloß erklären?

Keuchend traf das Mädchen bei mir ein und ratterte herunter, als hätte sie an diesem Morgen ihren Kaffee intravenös zu sich genommen: »Michael! Ich liebe dich!« Meine Mutter blickte verdutzt drein: Hatten wir ein Paralleluniversum betreten, in dem Mädchen mir – einem 17-jährigen, schwulen Jungen, der den Film »Mamma Mia!« ein bisschen zu sehr mochte – plötzlich Liebesgeständnisse auf offener Straße machten? Was kam als Nächstes? Eine Wiedervereinigung von ABBA?

Mir blieb nicht viel Zeit zum Nachdenken. Das aufgedrehte Mädchen drückte mir ihren Stift in die Hand, zog sich den Ausschnitt ihres T-Shirts so weit nach unten, dass ihre Nippel gerade noch bedeckt waren, und bat mich um ein Autogramm auf ihrem Busen, welches ich flink gab. Weil mir diese Situation – nicht zuletzt aufgrund der Anwesenheit meiner verwirrten Mutter –

mehr als nur ein bisschen unangenehm war, signalisierte ich ihr, dass ich jetzt weitermüsse.

Da hatte ich die Rechnung aber ohne meine neue Bekanntschaft gemacht, die sich gebührend von mir verabschieden wollte. Sie nahm meinen Kopf zwischen ihre Hände, zog ihn näher an sich heran und küsste mich auf den Mund. Ihre Lippen schmeckten nach Zigaretten, und weil ich Stunden zuvor einen Lachsbagel mit extra Zwiebel gefrühstückt hatte, schmeckten meine wohl danach. Ein wahrer Genuss für alle Beteiligten.

Der Mund meiner Mutter stand weit offen. »Wer ... war ... dieses ... Mädchen?«, wollte sie perplex wissen, nachdem mein Fan wieder abgerauscht war. Die Wahrheit ist, dass ich zu diesem Zeitpunkt bereits ein bekannter Video-Macher im Internet war und offenbar eine äußerst verrückte Fanbase hatte, wovon meine Eltern allerdings keinen blassen Schimmer hatten, was von mir aus auch gerne so bleiben durfte.

»Oh ... das ist meine Freundin Jessica! Das war einfach einer ihrer klassischen Jessica-Witze!«, beschwichtigte ich meine Mama.

»Du hast aber nicht so gewirkt, als würdest du sie kennen ...«, warf meine Mutter berechtigterweise ein.

»So *scherzen* wir!«, behauptete ich augenrollend. »Jessica tut so, als wäre sie ein verrückter Groupie!« *Ach, Jessica, diese Spaßkanone! Mit der gibt es aber auch nie eine langweilige Sekunde!*

Meine Mutter sah nun aus wie Inspektor Columbo, wenn er die Lügengeschichte eines Verdächtigen nicht ganz glauben kann, ließ das Thema aber erst mal ruhen. Früher oder später musste ich mein Geheimnis wohl offenbaren, aber dafür ließ ich mir noch Zeit.

Da ich das jüngste von drei Kindern bin, waren meine Eltern

nie sonderlich streng mit mir. Während meine älteren Geschwister sich noch an feste Ausgeh-Zeiten halten oder im Sommer den Rasen mähen mussten, wehte während meiner Pubertät schon ein völlig anderer Wind. Ohne Zweifel wachten meine Eltern manchmal gegen 3 Uhr morgens auf und fragten sich: »Hatten wir nicht mal ein *drittes* Kind?«

Sie hätten sich keine Sorgen machen müssen: Zumeist war ich in meinem Zimmer, saß am Rechner und schrieb meine Gedanken nieder. In ihren Augen war ich ein ruhiges, unkompliziertes Kind, das nie sonderlich großes Interesse am Ausgehen hatte. Nicht nur einmal versuchten meine Eltern, mich zu ihren Restaurant-Besuchen oder Abenden mit Freunden mitzunehmen. Meine älteren Geschwister waren zu diesem Zeitpunkt bereits ausgezogen und Mama und Papa wollten mich nicht alleine zurücklassen.

»Nein, nein – ich bleibe lieber zu Hause und lese! Habt ihr ruhig Spaß«, hatte ich damals gesagt, als hätte ich in einem *Freaky-Friday*-artigen Vorfall die Rollen mit meiner Großmutter getauscht.

»Unser Sohn ist so ein Langweiler!«, dachten sich meine Eltern wohl, versprachen, dass sie bald wieder nach Hause kommen würden, und ließen mich in der Regel für ein paar Stunden alleine zu Hause zurück. Wenn die wüssten! Ich wartete nur, bis die Tür ins Schloss gefallen war, raste zu meinem Kleiderschrank, in dem ich Videokamera, Stativ, Licht, ulkige Requisiten wie Perücken oder Brillen versteckt hatte und begann zugleich, lustige Sketche für meinen YouTube-Kanal zu drehen.

Darin spielte ich entweder meine Englisch-Lehrerin, Tine Wittler, Jessica Fletcher oder einfach eine überspitzte Version meiner selbst und hielt mich ob des strengen Zeit-Limits immer ganz genau an die Drehbücher, die ich vorab angefertigt hatte. Ab und an passierte es, dass meine Eltern frühzeitig von ihren Verabredungen nach Hause kamen, weil etwa ihre Freunde spontan abgesagt hatten.

In diesen Fällen warnten die Bewegungsmelder der Lichter in der Einfahrt mich vor und ich bemühte mich in etwa 20 bis 30 Sekunden das Set der *Michael Buchinger Comedy Hour* wieder in meinen Schrank zu pressen. Mit gespielter Nonchalance begrüßte ich dann meine Eltern an der Eingangstür. »Oh, ihr seid schon wieder da? Ich habe gerade mal das Vorwort meines Buches gelesen! Ahahaha!«

Ich weiß, was ihr euch jetzt fragt: Warum lügen? Die meisten Eltern wären doch froh, wenn ihr Sohn außerschulisch kreativen Tätigkeiten nachgeht und Freude am Schaffen hat. Mag sein. Doch im Jahr 2009 war es noch ein regelrechtes No-Go, im Internet den eigenen Nachnamen zu nennen oder gar sein Gesicht zu zeigen.

Und ich tat gleich beides, und das ausgiebig. Vor laufender Kamera tanzte ich durch mein Elternhaus, während ich selbst komponierte Songs wie den Klassiker »Ich hab' drei Nippel!« zum Besten gab. Das alles tat ich mit einer Beschwingtheit und Lebensfreude, als wäre es mein Ziel, einen digitalen Fußabdruck zu hinterlassen, der sämtliche Chancen auf einen seriösen Job im Keim ersticken würde.

Ich wollte Mama und Papa so gerne die Wahrheit sagen, aber wie? Ulkige Online-Videos waren als Hobby nicht ganz so leicht zu erklären wie Tennis spielen oder Stricken. Es erschien mir verrückt, meinen Eltern zu sagen: »Hey, ich weiß, ihr denkt, ich bin ein Langweiler, aber in Wahrheit habe ich seit Monaten eine Leidenschaft, die ich nicht mal richtig in Worte fassen kann, weil ich keine einzige Person kenne, die meine Passion teilt!«

Zudem muss ich gestehen, dass ich selbst nicht wusste, was ich da genau tat: Zu dieser Zeit galten süße Kätzchen und ein hysterisch weinender Britney-Spears-Fan namens Chris Crocker als »Stars des Internets«. Ich hatte keinerlei Vorbilder, und wenn mir jemand gesagt hätte, dass ich damals das Fundament für meinen heutigen Beruf legte, hätte ich mit einer Perücke nach ihm geworfen und einen wütenden ABBA-Song angestimmt.

Meine Eltern waren natürlich auch nicht völlig achtlos und unaufmerksam. Einige Male geriet ich durchaus in Situationen, in denen mein Doppelleben beinahe aufgeflogen wäre. Eines Abends kam mein Vater ohne Klopfen in mein Zimmer gestürmt, während ich gerade ein Video schnitt. Sehr rücksichtslos von ihm! Ich hätte doch gerade masturbieren können, wäre ich einer dieser Teenager gewesen, die Zeit für banale Dinge wie Masturbation hatten.

Auf dem Bildschirm war ich deutlich zu erkennen, jedoch verkleidet als Heimwerker-Queen Tine Wittler. Wie sollte ich das denn jetzt erklären? Auf gespenstische Weise »Uuuuuh, das ist nur ein Traaaauuum! Das passiert nicht wiiiirklich« jaulen?

»Wer ist *das* denn?«, wunderte sich mein Vater dann auch.

Ich beschloss, einfach aufs Ganze zu gehen und mein Glück mit einer waghalsigen Lüge zu versuchen. Denn wer selbstbewusst genug lügt, dem glaubt man auch: »Das ist die beliebte TV-Moderatorin Tine Wittler, Papa!«

Mein Vater lächelte zufrieden. »Ach ja, die kenne ich! Gut sieht sie aus!«, murmelte er. Puh, das war knapp!

Meine Noten litten zwar nicht unter meinem neuen Steckenpferd, aber während ich vor ein paar Jahren noch sehr viel Zeit mit meinen Eltern verbracht hatte, konnte ich es nun oft kaum erwarten, bis sie endlich das Haus verließen. Nicht selten ertappte ich

mich dabei, wie ich ihnen spaßige Aktivitäten ohne mich vorschlug.

»Wisst ihr was, die Familie Hauser habt ihr doch schon lange
nicht gesehen und ihr müsst noch immer Herberts Geburtstag
nachfeiern. Wieso geht ihr nicht mit ihnen zu diesem neuen Ita-
liener und habt dort für etwa zwei bis drei Stunden einen schönen
Abend? Ihr habt es euch *verdient*!«

Die Situationen wurden immer brenzliger. Ich musste weitere
Fremde, die mich auf der Straße ansprachen, als meine »Freunde«
tarnen (wer hätte gedacht, dass ich *so viele* Freunde habe?), und
als die ersten Interview-Anfragen des Regionalfernsehens kamen,
wusste ich einfach nicht, wie es weitergehen sollte.

Natürlich freute ich mich, als ein burgenländischer Fernseh-
sender Interesse daran hatte, ein Porträt über mich und meinen
Kanal in den Abendnachrichten zu bringen, aber wie sollte ich
das unbemerkt über die Bühne bringen? Am Tag der Ausstrahlung
eine alte Nachrichten-Sendung für meine Eltern vom Band
abspielen?

Ich wusste wirklich nicht weiter und war fast froh, als der
Drehtermin doch abgesagt wurde. »Das war's!«, sagte ich mir.
»Noch so eine brenzlige Situation und ich erzähle meinen Eltern
alles! So kann es nicht weitergehen!«

Die nächste heikle Situation ließ nicht lange auf sich warten.
Mittlerweile war mein YouTube-Kanal zwei Jahre alt. Ich hatte
soeben ein virales Video mit dem Titel »Was wäre, wenn Facebook
das reale Leben wäre?« gedreht, das zu diesem Zeitpunkt bereits
über 100.000 Klicks hatte. Als ich dann auch noch mit dem Video
für einen Jugendkulturpreis nominiert wurde, dessen 1. Platz mit
5000 € dotiert war und über den breit in den Medien berichtet
wurde, beschloss ich, endlich die Wahrheit zu sagen.

»Mama, Papa, ich muss euch etwas sagen«, begann ich also eines Abends meine Beichte und merkte, wie sich die Augen meiner Eltern weiteten. Was denn jetzt noch? Das Coming-out hatten wir doch schon hinter uns gebracht. Hatte Michi sich nun die Nippel piercen lassen?

Ich erklärte, dass ich seit mittlerweile zwei Jahren Videos im Internet veröffentlichte und damit inzwischen relativ erfolgreich war. »Ich habe es euch nicht eher gesagt, weil ich nicht wollte, dass ihr denkt, ich würde mich nicht genug auf die Schule konzentrieren. Meine Noten sind trotz YouTube gleich geblieben!«, erläuterte ich.

Einige Momente herrschte Totenstille. Dann musterten meine Eltern mich, als hätte ich ihnen gerade erklärt, dass der Himmel blau sei. »Michi ...«, leitete meine Mama vorsichtig ein, »du denkst wirklich, das wissen wir nicht?« All diese Geheimnistuerei und meine Eltern *wussten*, was Sache war? Was hatte mich verraten?

»Ich kenne meinen Sohn«, antwortete meine Mutter, »und ich weiß, dass er nicht mit Mädchen wie ›Jessica‹ befreundet ist. Und abgesehen davon: Du hast zwei Geschwister, die natürlich auch im Internet surfen und deine Videos kennen. Glaubst du, in dieser Familie bleibt *irgendwas* ein Geheimnis?« Mama hatte recht: Geheimnisse hatten in unserer fünfköpfigen Familie meist ein sehr frühes Ablaufdatum.

»Warum habt ihr denn nichts gesagt?«, wollte ich kleinlaut wissen. Wenn meine Eltern Bescheid wussten, dann hätte ich meine Videos nicht immer in Nacht-und-Nebel-Aktionen filmen müssen. Zwei Jahre auf YouTube, und meine Follower hatten noch immer keinen blassen Schimmer, wie ich bei Tageslicht aussah.

»Wir dachten, es würde deiner Kreativität guttun, wenn du

nicht weißt, dass sich deine Eltern jedes einzelne deiner Videos ansehen«, antwortete mein Vater.

»Ihr habt jedes einzelne meiner Videos gesehen?«, hakte ich nach. »Selbst das mit den drei Nippeln?«

»Selbst das mit den drei Nippeln«, entgegnete Mama.

Sie hatten recht: Es war besser, dass sie nichts gesagt hatten.

Immerhin konnte ich meine Eltern nun bereits zwei Wochen später als meine Gäste mit zur Preisverleihung des Jugendkulturpreises nehmen. Aufgeregt saßen wir zusammen im Publikum und wurden gemeinsam immer angespannter, während die Moderatorin in aufsteigender Reihenfolge die Gewinner verlas. Sie hatte noch immer nicht meinen Namen genannt und war bereits beim dritten Platz.

Es wurden bereits ein Mädchen, das einen Text über ein Bombenattentat geschrieben hatte, sowie ein Musiker, der Songs für seine tote Katze schrieb, prämiert. Es musste ein Fehler passiert sein: Für diese tiefgründigen Ideenergüsse konnten meine bekloppten Spaßvideos doch keine reale Konkurrenz sein, oder? Ich freundete mich mit dem Gedanken an, dass ich es mitunter gar nicht in die Top 10 geschafft hatte.

Doch schließlich, als der zweite Platz verkündet wurde, fiel endlich mein Name. Es war ein toller Moment! Meine Eltern applaudierten und jubelten für mich, während ich völlig benommen auf die Bühne wankte, wo ich mich – wenn ich mich recht erinnere – in etwa so überrascht und ehrlich gerührt zeigte wie Taylor Swift, wenn sie einen Preis gewinnt. Ich konnte mich gerade noch davon abhalten, Jesus zu danken. Diesen Abend werde ich nie vergessen.

Der erste Platz ging übrigens an ein überdimensionales Gemälde, aber auch ich durfte ein ziemlich ansehnliches Preisgeld entgegennehmen und malte mir bereits im Auto auf dem Heimweg aus, wie viele ulkige Perücken ich von dieser unverhofften Summe wohl kaufen könnte. Ich war sehr froh, die Lüge gerade noch rechtzeitig aufgelöst zu haben, damit meine Eltern Teil dieses besonderen Abends sein konnten.

Doch natürlich brachte der erfrischende Wind der Wahrheit, der nun im Hause Buchinger wehte, anfänglich nicht nur Gutes mit sich. Mit dem Wissen im Hinterkopf, dass Mama und Papa zusahen, fiel es mir schwer, meine Videos weiter zu drehen wie bisher. Nicht selten handelten diese von Alkoholexzessen oder Sex und zeigten mich in Kostümen, wie man sie jenseits von Bad Taste Partys in der örtlichen Schwulenbar selten zu sehen bekam. Aber wie bei so ziemlich allen kreativen Unterfangen, die ich tätige, half es mir auch hier ungemein, dabei nicht an *alle* Leute zu denken, die mein Werk möglicherweise sehen könnten (meine Eltern, meine Lehrer – ja sogar Tine Wittler, die sich vielleicht eines Nachts selbst googelt und dabei auf einen schrillen österreichischen Jungen im Kostüm stößt ...), sondern an eine konkrete Person, von der ich weiß, dass sie Gefallen daran finden wird. Zum Beispiel der verrückten »Jessica« aus dem Park. Wenn meine Eltern meine Art, mich auszudrücken, eigenartig fanden, so ließen sie es sich nie anmerken, und das rechne ich ihnen sehr hoch an.

Es klingt sicher wahnsinnig kitschig, aber die wahre Belohnung am Abend der Preisverleihung bekam ich erst, als sich meine Mutter kurz, bevor wir zu Hause ankamen, zu mir umdrehte. »Michi, wir sind stolz auf dich!«, sagte sie, und das fühlte sich besser an, als jede geglückte Lüge es je tun würde.

Like a Virgin

»Wir hatten OV und dann ist er einfach eingeschlafen. Eingeschlafen! Ich wollte doch unbedingt GV, was soll das?«, fragte Tommy wild gestikulierend in die Runde, und ich verstand leider nur Bahnhof. Alle anderen Anwesenden nickten wissend. »Ich hasse es, wenn sie das machen!«, jaulte Martin. »Entweder GV oder gar nicht!«

Wovon sprachen diese Menschen bloß? Ich fühlte mich wie damals im Schüleraustausch nach Nizza, als ich bei einer schrulligen alten Dame namens »Madame Paule« wohnte, die ständig unverständliches Zeug brabbelte, sich selbst als »cool-cool!« bezeichnete und jeden Tag alleine mehrere Runden *Scrabble* auf dem Balkon spielte.

Doch meine Schultage lagen längst hinter mir und im Gegensatz zu Madame Paule sprachen diese Leute meine Muttersprache. Kurz nach meinem Schulabschluss war ich nach Wien gezogen, um dort zu studieren, und bekam im Alter von 19 einen Job als Kolumnist bei einem coolen neuen Modemagazin, das so cool und neu war, dass wir alle gratis arbeiteten.

Unser Chefredakteur, Tommy, war eine regelrechte Erscheinung: Mit seinem neonpinken Haar, immerzu in schwarze, Kaftan-artige Roben gehüllt, mit Katzen- und Britney-Spears-Tattoos an den Armen sah er aus wie der Endgegner in einem japanischen Videospiel und neigte dazu, bei den Redaktionssitzungen über so gut wie alles, außer das Magazin, zu sprechen. So war es auch diesmal.

Aber was war dieser OV, von dem er sprach? In meiner unschuldigen Welt zeichnete »OV« einen Film aus, der in der Originalversion gezeigt wurde. Das musste es sein: Tommy hatte sich mit einem Mann zum Filmabend verabredet und sie hatten sich darüber gezankt, ob sie einen Film in der OV – Originalversion – oder GV – griechischen Version (???) – schauen sollten. Wer kennt dieses klassische Dilemma nicht?

Zur Sicherheit hakte ich nach.

»Entschuldigung, ich kann dir leider nicht ganz folgen: Was ist OV?«, fragte ich beschämt, wie ein Erstsemester an der Uni, der in einer Vorlesung mit 500 Anwesenden die Hand hebt, um zu fragen, ob er aufs Klo gehen darf. Alle Redaktionsmitglieder sahen mich fassungslos an. Na toll! Das Letzte, was ich wollte, war, in dieser Runde ein noch größerer Außenseiter zu werden, als ich ohnehin schon war. Als Internet-Fund war ich nämlich der einzig »Neue« in der Redaktion; die anderen kannten sich bereits jahrelang. Wenn ich hier »kannte« schreibe, müsst ihr euch bitte vorstellen, wie ich dabei äußerst lasziv mit der Zunge schnalze und Anführungszeichen in die Luft setze. Wie ich aus Erzählungen aufgeschnappt hatte, war – wie in zehn Staffeln »Friends« – irgendwann der Funke zwischen *allen* von ihnen übergesprungen und die meisten – egal ob schwul, hetero oder bi – hatten mal was miteinander gehabt und verstanden sich dennoch sehr gut. Ich dagegen konnte nicht mal neben jemandem sitzen, den ich mal geküsst hatte, ohne unentwegt zu kichern.

Kurz wurde gelacht, dann löste Tommy auf: »OV ist Oralverkehr, Michael. GV ist Geschlechtsverkehr. Ich wollte aber keinen Oralverkehr, sondern richtigen Geschlechtsverkehr«, klärte er – für meinen Geschmack – ein bisschen zu detailgetreu auf. »Das ist dir doch sicher auch schon passiert, oder?«

Mein Gesicht lief knallrot an. Konnten wir nicht stattdessen über das Magazin-Layout oder von mir aus auch wieder über die Sexkapaden dieser Rasselbande reden? »Ja klar, absolut. Ich *hasse* das!«, log ich und wechselte abrupt das Thema. Die Wahrheit ist: Während meine neuen Freunde ständig Sex hatten und in einer Häufigkeit darüber sprachen, dass sie sich sogar Kürzel dafür einfallen lassen mussten, war ich zu diesem Zeitpunkt noch Jungfrau.

Ich finde es gar nicht mal so überraschend, dass ich mit 19 noch Jungfrau war. Als schwuler Jugendlicher in einer ländlichen Region begegnete ich in etwa so oft anderen Homosexuellen, wie ich Zentauren im Wald begegnete. Natürlich war ich zu diesem Zeitpunkt bereits auf sämtlichen Online-Dating-Plattformen dieser Welt vertreten und kann mich dunkel daran erinnern, dass der User »SugarPapi69« ganz genaue Vorstellungen davon hatte, wie er meine Blume pflücken wollte, aber dazu kam natürlich, dass ich hohe Ansprüche an mein erstes Mal hatte.

Spätestens, nachdem mir meine gute Freundin Barbara eines Montags in der Schule flüsternd erzählte, dass sie ihr erstes Mal am vergangenen Wochenende im VW Passat einer neuen Bekanntschaft erlebt hatte – ein Unterfangen, bei dem, wie sie mir erklärte, mehrmals unabsichtlich die Hupe betätigt worden war! –, wusste ich, was ich definitiv *nicht* wollte. Meine Liste an Forderungen an mein erstes Mal wuchs stetig:

• Wir dürfen nicht betrunken sein.

- Ich möchte mit dem Typen zusammen sein.
- Er sollte in meinem Alter sein.
- Autos dürfen kein Bestandteil meines ersten Mals sein. Ein Bett wäre ideal, aber eine komfortable Chaiselongue tut es ebenso.
- Wehe, er lacht komisch, zwinkert oft oder nennt den Akt der Liebe »poppen« (ein Verb, das meiner Meinung nach ausschließlich für die Zubereitung von Popcorn verwendet werden sollte).

Wie ihr euch vorstellen könnt, verlief die Suche unter diesen Bedingungen äußerst schleppend.

Doch Tommy ließ nicht locker. Nun, da ich mich erstmals in dieser Runde zum Thema Sex geäußert hatte – und den Anwesenden wohl dämmerte, dass sie ganz und gar nichts über mein Sexualleben wussten –, gab es eindeutig Nachholbedarf. Die Fragen trudelten ein, als befänden wir uns nicht in einem Redaktionstreffen, sondern bei einer Pressekonferenz zum Thema »Michael Buchinger, wie er lebt und liebt«.

»Hast du oft GV?«, wollte Martin wissen, gefolgt von Foto-Redakteurin Jessys Frage, ob ich eher A (aktiv) oder P (passiv) war. Bei all diesen Kürzeln kam ich mir mittlerweile vor, als würde ich bei der NASA arbeiten.

Da ich nach meiner kurzen Zeit beim Magazin bereits so viele Bettgeschichten meiner Kollegen kannte, schien es mir nur fair, ihnen auch ein bisschen von meinen zu erzählen – und damit meine ich natürlich, sie nach Strich und Faden zu belügen. Was hätte ich denn auch tun sollen? Inmitten von neugierigen Piranhas murmeln, dass ich noch Jungfrau und auf der Suche nach dem richtigen Mann für mein erstes Mal bin, während ich meine Hand sehnsüchtig an eine Fensterscheibe lege? Eher würde ich mir ein Britney-Spears-Tattoo stechen lassen. So gab ich vage Antworten wie »Hie und da« oder »Mal so, mal so«, bis Tommy die Frage stellte, mit der er genau ins Schwarze traf.

»Und dein erstes Mal, das war schön?«, wollte er wissen, um in seinem mentalen Aktenschrank an Sexgeschichten endlich auch eine konkrete Story in meine Akte eintragen zu können.

Ach Mist. Eine lauwarme Halb-Antwort würde ihm nicht reichen, und nun konnte ich ja kaum kehrtmachen und die Wahrheit auspacken. Also tat ich das, was ich immer tue, wenn ich spontan eine größere Lüge erzählen muss. Ich gehe von einer Wahrheit aus und mache dann einen unbemerkten Übergang in eine absolute Unwahrheit.

»Ja, kann man schon so sagen«, leitete ich ein. »Einmal, beim Ausgehen mit Schulfreunden, fing ein Junge aus meiner Klasse einfach an, mich zu küssen. Ich dachte immer, dass er Hetero ist, aber offenbar nicht. Bei diesem einen Mal blieb es nicht. Wir taten das immer abseits von unseren Freunden, damit niemand es mitbekam. Sein Vater ist beim Militär und sehr streng, also war Diskretion unsere oberste Priorität!«

Alle Anwesenden nickten verständnisvoll, obwohl ich hier bereits längst ins Land der Lügen abgedriftet war. Ich selbst war überrascht von dieser frei erfundenen Militär-Sache, die ohne Zweifel davon inspiriert war, dass ich am Vorabend abermals den Goldie-Hawn-Klassiker *Schütze Benjamin* gesehen hatte.

»Einige Wochen später hatten wir dann unser erstes Mal und es war ganz nett. Nicht gut, nicht schlecht ...« Hier hielt ich einen Moment lang inne. Ich bin sicher, es wirkte wie eine dramatische Pause, aber eigentlich musste ich kurz überlegen, wie ich meine Lüge am besten beenden sollte.

»Es macht mich ein bisschen traurig, daran zu denken, weil wir schon lange keinen Kontakt mehr hatten und er nach wie vor vorgibt, ein absolutes Hetero-Leben zu führen ...«, sagte ich dann andächtig, meinen Blick in die Ferne gerichtet. Es wäre schön gewesen, wenn in diesem Moment eine kleine Träne meine Wange heruntergekullert wäre, aber man kann nicht alles haben.

Diese Geschichte war, wenn ich das selbst so sagen darf, sehr gut, auch wenn sie zu zwei Dritteln aus Lügen bestand. Ja, ich hatte einmal einen Jungen aus meiner Klasse geküsst, und ja, ich bin mir ziemlich sicher, dass er dieser Tage bestimmt mit einer Jeanette zusammen ist, aber das war es auch schon. Die Sache mit dem strengen Vater verlieh meinem Märchen genau die Shake-speare-artige Schwermut, die erklärte, warum ich so ungern über dieses Thema sprach.

Ich war aus dem Schneider. Tommy und Co. nickten verständnisvoll und strichen mit Sicherheit »Michi über sein Sexualleben ausquetschen« von ihrer mentalen To-do-Liste. »Na dann, lasst uns ein schönes Magazin machen!«, sagte Tommy und schloss die Redaktionssitzung mit dem ersten und einzigen Satz zum Magazin.

Im Nachhinein war es natürlich nicht klug, bei diesem Thema gelogen zu haben. Was für mich eine kleine Notlüge war, um aus einer unangenehmen Situation zu entkommen, ohne Verletzlichkeit zu zeigen, wurde schon bald zu einer Unwahrheit über mich, die sich herumsprach: Woher hätte ich wissen sollen, dass das schwule Wien in etwa so klein war wie meine Heimatgemeinde?

Wenngleich die Details über mein vermeintliches erstes Mal nicht ausgeplaudert wurden, schien es fortan klar zu sein, dass ich keine Jungfrau mehr und daher offen für One-Night-Stands aller Art war. Das stimmte natürlich nicht – immerhin war ich so unerfahren und naiv, dass ich dachte, Poppers wären eine coole neue Chipssorte.

Während ich mich also fühlte, als würde ich mit der in freier Liebe lebenden Besetzung des Musicals *Hair* abhängen, und vorgab, einer von ihnen zu sein, suchte ich insgeheim nach wie vor nach einem Sexualpartner, der mich respektierte und Sex in Betten bevorzugte.

Ich flirtete beim Ausgehen, aber wusste nicht ganz, wie ich Interessenten erklären sollte, dass wir uns gerne küssen könnten, aber ich nicht zum ersten Mal Sex mit jemandem haben wollte, der einen Jägermeister-Deckel auf der Nase trug und darauf bestand, »Chilli« genannt zu werden.

»Heute geht es leider nicht, aber wie sieht es in ... sagen wir mal ... vier Monaten bei dir aus?«, hätte ich, wie eine Sprechstundenhilfe beim Zahnarzt, fragen und eine Warteliste anfertigen können, die ich nach verlorener Unschuld abarbeiten würde.

Bis es so weit war, vertröstete ich One-Night-Stand-Suchende mit frechen Küssen und verstand gar nicht, warum so viele Männer sauer wurden, wenn sie mir den ganzen Abend lang Drinks spendierten und ich nach einer Runde Knutschen sagte: »Na das war aber ein Spaß! Danke für die Drinks und bis bald mal vielleicht! Tüdelü!« Regelmäßig fragten Tommy und der Rest der Redaktion nach Updates aus meinem Liebesleben. Da diese Menschen mittlerweile Freunde von mir waren, wollte ich sie nicht unbedingt weiterhin anlügen und gleichzeitig nicht offenbaren, dass es meiner Vorstellung eines »heißen Abends« entsprach, es mir mit einer Wärmflasche im Bett gemütlich zu machen.

So erzählte ich oftmals von Flirts, die tatsächlich passiert waren, und ließ dabei einfach das Ende mit einem »Na ja, was dann passiert ist, könnt ihr euch ja vorstellen ...« offen. Niemand musste wissen, dass ich am Ende das Abends lediglich alleine nach Hause gefahren war und zum Einschlafen drei Folgen »Gilmore Girls« schaute.

Bei der nächsten Redaktionssitzung hatte ich eine besonders spannende Geschichte auf Lager, die sich tatsächlich zugetragen hatte. »Letztens war ich mit einer Freundin in einem Club, als ein junger Mann zu mir kam und sich sehr nahe an mich ran stellte«, leitete ich ein. Wer kennt das nicht? Männer!

Ähnlich wie ich bei einem All-You-Can-Eat-Buffet kam auch mein neuer Bekannter sofort zur Sache: »Hallo, ich bin Daniel. Wollen wir vielleicht kurz woanders hingehen?«, fragte er mich, wenige Sekunden, nachdem sich unsere Blicke getroffen hatten. Sein Gesichtsausdruck verriet mir, dass er nicht »woanders hingehen« wollte, um über unsere politischen Ansichten zu diskutieren.

Enthusiastisch rieb ich meine Handflächen aneinander, in Vorfreude auf eine weitere romantische Kuss-Session, nach der wir uns einen kollegialen Handschlag geben und separate Heimwege antreten würden. Geil!

Nein, es gab mir nicht zu denken, dass Daniel bei unserem kleinen Spaziergang wiederholte Male betonte, dass ich absolut diskret sein musste und in Zukunft kein Sterbenswörtchen über diese Nacht verlieren durfte, wenn wir uns mal zufällig auf der Straße begegneten. So mysteriös, wie er tat, mutmaßte ich, dass er mich gar nicht küssen, sondern mir gleich den streng geheimen Ausgang der neuesten *Germany's Next Topmodel*-Staffel offenbaren würde.

Genauso wenig kam es mir komisch vor, dass der junge Herr plötzlich vor einem Wohnhaus stehen blieb, wahllos verschiedene Klingeln betätigte und mich, nachdem uns einfach jemand aufmachte, in den Innenhof geleitete. Dort küssten wir uns kurz und so lieblos, wie ich sonst nur an einer Stange Sellerie nibble. Erst als Daniel seine Hose fallen ließ, dämmerte mir, dass wir offenbar völlig unterschiedliche Erwartungen an den heutigen Abend hatten.

»Na ja, was dann passiert ist, könnt ihr euch ja wohl vorstellen ...«, sagte ich zu meinen gebannten Zuhörern, die mittlerweile bestimmt völlig vergessen hatten, dass es überhaupt ein Magazin zu produzieren gab. Meine Kollegen und Freunde lachten und gaben mir sogar vereinzelte High Fives. Bislang hatte ich noch gar nicht gelogen, aber wie die Geschichte weiterging, behielt ich ihnen natürlich vor.

Daniel stand mir nun also halb nackt gegenüber. Ob es wohl der falsche Moment war, ihm zu offenbaren, dass ich noch Jungfrau war? Fragend blickte ich mich um: Wirklich? Sex, um drei Uhr morgens, im Innenhof eines Wohnhauses, in einem tristen Außenbezirk Wiens? Die VW-Passat-Erfahrung meiner Schulfreundin Barbara erschien mir plötzlich wie ein glamouröses Traumdate gemessen an der Szenerie, die sich mir hier darbot. Allmählich gab ich die Hoffnung auf, je auch nur einen der Punkte auf meiner Checkliste zu erfüllen.

Sehnsüchtig dachte ich an mein völlig ungezwungenes, nahezu perfektes erstes Mal mit meinem alten Schulkameraden zurück, bevor mir wieder einfiel, dass ich diese Geschichte frei erfunden hatte, um mir aus einer unangenehmen Situation zu helfen. Warum waren meine Lügen bloß immer so viel schöner als die Realität?

Während ich in Gedanken versunken war, war Daniel ungeduldig geworden und packte mich an den Schultern, um mich nach unten zu drücken, was meiner Meinung nach nicht unbedingt die feine englische Art ist. In einer typischen Kampf-oder-Flucht-Reaktion sprintete ich mit uncharakteristischer Geschwindigkeit zurück auf die Straße und bezweifelte, dass mir der mittlerweile nackte Mann folgen würde. Nonchalant eilte ich zurück in den Club, wo ich mit meinen Freunden tanzte, als wäre ich nur kurz verschwunden, um mir mein Näschen zu pudern.

Ich hatte definitiv meine Lektion gelernt: Von mir selbst mal ganz abgesehen, machte es keinem schwulen Mann in ganz Wien Spaß, nur zu knutschen und dann wieder getrennte Wege zu gehen. Ich musste dringend aufhören, mit meinem betörenden Sirenen-Gesang Männer anzulocken, nur um sie dann mit Kavaliersschmerzen zurückzulassen.

Abgesehen davon trug mein konstantes Leugnen meiner Unschuld nicht unbedingt dazu bei, meiner Partnerwahl den Druck zu nehmen. Da sich mein zwanzigster Geburtstag in großen Schritten näherte, betrachtete ich meine Jungfräulichkeit längst nicht mehr als »besonderes Geschenk für eine besondere Person«, sondern eher wie einen schädlichen Blinddarm, der schleunigst entfernt werden musste, wenn ich nicht wie die alte, jeden Tag alleine *Scrabble* spielende Madame Paule enden wollte, deren einziger »Höhepunkt« daraus bestand, einen dreifachen Wortwert zu erzielen.

So beschloss ich, meine Ansprüche einfach über Bord zu werfen. Das war's! Der nächste Mann, der auch nur ansatzweise nett war und zwei in die gleiche Richtung schauende Augen hatte, bekam meine Blüte! Und siehe da: Es dauerte gar nicht mal lange, einen Typen zu finden, der diese bescheidenen Kriterien erfüllte.

Eines Samstags war ich in einem Club und wurde dort von Simon angequatscht, einem Typen, den ich aus meinem ersten Studium kannte. Damals studierten wir beide Theater-, Film- und

Medien-Wissenschaft; ein albernes Nonsens-Studium, das ich kurz nach meinem Umzug nach Wien schneller abbrach als den Kontakt zu Menschen, die gleich drei Rottweiler besitzen.

Mit seinem schulterlangen, blonden Haar und einem verschmitzten Lächeln war Simon durchaus einer der attraktiveren Partybesucher an diesem Abend gewesen. Klar, ich war um einiges größer als er und hätte ihn locker in einem Baby Björn durch den Club tragen können, aber da ich mental bereits einen Plan für uns beide geschmiedet hatte, bei dem wir definitiv nicht *stehen* würden, war ich gewillt, Abstriche zu machen.

In diesem überfüllten Club quatschten Simon und ich über unsere gemeinsame Vergangenheit, und ich sollte schnell bemerken, dass er zwar durchaus nett, aber ein ziemlich prolliger Kerl war. Es war entweder, nachdem er mir gesagt hatte, dass er mindestens vier Dosen Bier am Tag trank, oder aber, als er mir die Skizzen für sein *drittes* Tribal-Tattoo zeigte, als ich mich einfach nicht mehr halten konnte: »Va-va-voom! Diesen Fang darf ich mir nicht durch die Lappen gehen lassen – der bekommt meine Jungfräulichkeit!«, dachte ich mir und wartete auf die passende Gelegenheit, meinen Spinnen-Move zu machen.

Im Gegensatz zu mir studierte Simon weiterhin TFM und ließ es sich – ähnlich wie die meisten Theater-Studenten! – nicht nehmen, mir lange und viel zu detailliert von einer tollen Serie zu erzählen, die er letztens gesehen hatte. »Wir könnten doch noch zu mir fahren und uns ein paar Folgen ansehen!«, sagte er schließlich und legte beide seiner Hände um meine. Da es mittlerweile zwei Uhr morgens war, wusste ich, dass die einzige »Serie«, die wir heute »schauen« würden, wohl »Michael verliert seine Jungfräulichkeit« hieß.

»JA!«, schrie ich viel zu laut, wie ich es sonst nur tue, wenn ich bei McDonald's gefragt werde, ob ich vielleicht auch eine Apfelta-sche zu meiner Bestellung dazuhaben möchte. Ich war bereit.

Doch ich irrte mich und möchte an dieser Stelle eine Warnung an alle LeserInnen aussprechen: Wenn ein Theater-, Film- und Medien-Student um zwei Uhr morgens sagt, dass er gerne eine »Serie schauen« möchte, ist das nicht etwa der Code für Sex, son-dern bedeutet, dass er tatsächlich eine Serie mit euch schauen und dabei geistreiche Kommentare über Schnitt und Kameraführ-ung abgeben möchte.

»Ist es nicht fantastisch, wie die Stimmung des Hauptcharak-ters durch das Wetter widergespiegelt wird?«, fragte er enthusias-tisch wie Willy Wonka, der gerade die Oompa Loompas vorstellt. »Mhm, jep, bahnbrechend ...«, lallte ich vor mich hin, während ich lasziv eine Socke auszog und sie sorglos in die Ferne warf. »Puh, ist dir auch so heiß?«

Wenn dieser Typ nur halb so ausdauernd im Bett war, wie er sich bei diesem Serien-Marathon gab, stand mir ja ein heiterer Abend bevor.

Verführerisch nippte ich an meinem Bier, aber Bier konnte den Durst, den ich in diesen frühen Morgenstunden verspürte, einfach nicht löschen. Die zweite Folge war mittlerweile zu Ende, aber Simon ließ sich nicht beirren und bestand darauf, den gesamten Abspann anzusehen, um »allen Mitwirkenden Tribut zu zollen«.

Selten fühlte ich mich so bekräftigt in meiner Entscheidung, mein Studium abzubrechen. Die Ironie, dass ich endlich bereit für mein erstes Mal und nun mit einem Typen konfrontiert war, der es lieber »langsam angehen lassen« wollte, entging mir an die-sem Abend natürlich nicht. »Und, was machen wir jetzt?«, fragte ich mit einer Ungeduld, wie ich sie sonst nur von den Moderatoren während der Punktevergabe beim Eurovision Song Contest kenne.

Es war zwar mittlerweile 4:30 Uhr, aber Simon schlug vor, wir sollten heute doch einfach »ein bisschen wild« sein. Ach du heiliger Bimbam, bedeutete das etwa, dass er sich *die gesamte Staffel* dieser langweiligen Serie *inklusive Bonusmaterial* anschauen wollte? Instinktiv bereute ich es, nie die Fähigkeit erlernt zu haben, mit offenen Augen zu schlafen.

Aber nein: Diesmal meinte Simon tatsächlich Sex, und obwohl mittlerweile die Sonne aufging, willigte ich ein. Aus Feierlaune beschloss ich, meine kleine »Ich bin schon seit Jahren keine Jungfrau mehr!«-Lüge aufrechtzuerhalten und erwähnte mit keinem Sterbenswörtchen, dass es mein erstes Mal war.

Muss ich an dieser Stelle überhaupt erwähnen, dass das »kleine Vergnügen«, das Simon und ich an diesem Tag teilten, in etwa so romantisch wie eine Grippeimpfung war? Wer hätte denn wissen können, dass Simon die Sorte Person war, die darauf bestand, den Geschlechtsakt ebenso ausführlich zu kommentieren, wie er es eben noch mit der Kameraführung getan hatte?

»Geil! Wow! Oho! Aber hallo!«, jaulte er in einer Tour, als wäre es sein persönliches Ziel des Abends, all seine Mitbewohner aufzuwecken, während *mein* innerer Monolog ein bisschen anders klang.

Hmm ... Das ist es also, was alle Leute so toll finden?, fragte ich mich. *Diese Sache, wegen der ich die ganze Zeit über gelogen und die ich mir ewig aufgehoben habe? Hrmpf. Ich frage mich, wie lange es noch dauern wird und ob es akzeptabel ist, mir anstatt einer »Zigarette danach« eine »Currywurst danach« zu gönnen?*

Plötzlich vernahm ich aus Simons Richtung ein lautes Schnarchen und schloss daraus, dass unser Beischlaf beendet war. Nach einer kurzen Mütze Schlaf schnappte ich mir klammheimlich mein Zeug und bestellte schon mal ein Taxi. Da ich nicht vorhatte, Simon in einer wiederkehrenden Rolle in meinem Intimbereich zu casten, verließ ich die Wohnung, ohne Bescheid zu sagen oder eine Notiz zu hinterlassen.

Mein erstes Mal war also eine herbere Enttäuschung als das *Gilmore Girls*-Revival, und Simon weniger eine »besondere Person« als eher ein Mittel zum Zweck für mich. Wenngleich ich zu diesem Zeitpunkt irrsinnig froh war, endlich keine Jungfrau mehr zu sein, war diese ganze Erfahrung in etwa so angenehm für mich, wie mir ein Glasauge einsetzen zu lassen.

Doch ich sah die Sache positiv: Nun, da mein Sexleben endlich ins Rollen gekommen war, hatte ich sogar Geschichten, die ich bei der Redaktionssitzung erzählen konnte, ohne dabei so sehr lügen zu müssen, dass selbst Pinocchio sich vor Ekel übergeben würde. »Letztens«, leitete ich wenige Tage später ein, »hatte ich GV mit einem Typen, der währenddessen die merkwürdigsten Dinge sagte!«

Ich rollte irritiert mit den Augen und meine Kollegen taten es mir gleich. »Ich hasse es, wenn sie das tun!«, jaulte Martin. Wenngleich mir Lügen natürlich unfassbar viel Spaß bereitet, genoss ich es doch sehr, von nun an nicht mehr Buch über all die erfundenen Sexgeschichten führen zu müssen, die ich diesen Menschen unterbreitete.

Abgesehen davon war ich nun auch tatsächlich bereit, in Clubs zu gehen und im Rahmen routinierter Beutezüge all die Männer wieder zu treffen, die ich Monate zuvor noch hatte vertrösten müssen, als wäre ich Sprechstundenhilfe beim Zahnarzt. »Halte dich fest, Wien, Michi ist keine Jungfrau mehr und *ready to rumble*!«, sagte ich mir an meinem ersten Ausgehabend nach Verlust meiner Blüte. Die Welt war mein Kuchenbuffet und es war an der Zeit, zuzugreifen.

Aber wie es die Ironie so will, lernte ich genau an diesem Abend einen sehr sympathischen jungen Mann kennen, der mein erster Freund werden sollte und der das Wort »poppen« tatsächlich ausschließlich in Zusammenhang mit Popcorn verwendete. Wäre ich nur ein bisschen geduldiger gewesen, hätte ich also locker alle Punkte meiner »Michis erstes Mal«-Checkliste abhaken können. Was soll ich sagen? Ähnlich wie Ehrlichkeit zählte Geduld leider noch nie zu meinen Stärken.

Alles nur gelogen!
Mein Leben als Kunstfigur

Internet-Persönlichkeiten wie mir wird gerne mal ein Hang zur Unehrlichkeit vorgeworfen, besonders was bezahlte Kooperationen mit Unternehmen betrifft. »Ihr Influencer und Social-Media-Stars würdet für die richtige Summe doch sogar den Staubsauger-friseur ›Flowbee‹ verhökern«, werfen Leute, deren kulturelle Referenzen in etwa so antiquiert sind wie ihre Ansichten, mir gerne mal an den Kopf.

Obwohl ich einem guten Werbedeal genauso wenig abgeneigt bin wie einem mitternächtlichen Stück Chocolate Fudge Cake, darf ich an dieser Stelle stolz behaupten, dass ich nur Dinge bewerbe, die ich tatsächlich auch bei einem Feuer aus meiner brennenden Wohnung retten würde. Dafür gibt es eine andere Art der Unehrlichkeit, die meine Freunde an meiner Web-Präsenz kritisieren.

»Michi, warum zeigst du deinen Followern nicht endlich mal dein wahres Ich?«, fragte mich etwa meine Freundin Claudia letztens erneut, als wir gerade gemeinsam Frozen Joghurt aßen.

»Mein wahres Ich?«, hakte ich nach. »Was soll das denn bitte sein?«

Hörte man Claudia zu, so klang es, als müsse ich mich als irgendetwas outen, von dem ich selbst noch nicht wusste, dass ich es war. Bisexuell vielleicht? Julianne Moore ist schon ziemlich heiß ...

»Na ja, du sagst immer, du hasst dies und das. Kinder, alte Menschen, Brettspiele ... Dabei bist du einer der nettesten Menschen, die ich kenne. Auf dem Weg hierher bist du gegen eine Straßenlaterne gelaufen und hast dich bei ihr entschuldigt! Und zu einer Runde *Cluedo* habe ich dich noch nie Nein sagen hören!«

In dieser Hinsicht hatte Claudia vielleicht recht: Ich bin tatsächlich relativ höflich und nicht annähernd so gemein, wie man es basierend auf meinen Social-Media-Kanälen vermuten mag. Ich versuche, all meine Mitmenschen mit Freundlichkeit und Respekt zu behandeln, und zerbreche mir den ganzen Tag den Kopf darüber, falls mir das einmal nicht gelungen ist.

»Aber nicht nur das. Du hast in deinen Videos monatelang so getan, als würdest du noch Alkohol trinken, dabei war *Tee* in deinem Weinglas! Dann machst du dich auf der Bühne über Leute lustig, die gerne Sport machen, aber gleichzeitig machst *du* fast jeden Tag Sport. Und dass du nicht backen kannst, ist auch eine Lüge. Ich finde das schon ziemlich unehrlich von dir! Stell dir vor, wie sehr die Leute dich mögen würden, wenn sie wüssten, wie du wirklich bist!«

Pah, was weiß Claudia schon über das Internet? Bis vor Kurzem dachte sie noch, Onlineshops hätten Öffnungszeiten. Außerdem hatte ich einen triftigen Grund für meine überspitzte Internet-Persona. Ich bin der festen Überzeugung, dass es einfacher ist, populär zu werden, wenn man sich als leicht bekömmliche, zweidimensionale Figur präsentiert: Ein grantiger Wiener, der Klartext spricht und gerne trinkt! Was will man mehr?

Dadurch wirke ich zwar in etwa so tiefgründig und komplex wie eine Nebenfigur bei *The Big Bang Theory*, aber seht euch Paris

Hilton an: Niemand glaubt doch *wirklich*, dass sie immer Rosa trägt und mit dieser fürchterlichen Babystimme spricht, oder? ODER?

Claudia hatte natürlich ein paar ganz gute Argumente, aber – wie ich finde – das Ironieverständnis der Menschen außer Acht gelassen. Den meisten Leuten, so nehme ich an, sollte doch klar sein, dass ich nicht wirklich *all* die Dinge hasse, von denen ich behaupte, dass ich sie hasse, und bei meinem vermeintlichen Weinkonsum kein funktionierendes Mitglied dieser Gesellschaft sein konnte. Doch das sah meine Freundin vollkommen anders.

»Ach, Michi, du traust den Leuten zu viel zu. Ich war doch schon zigmal dabei, als du von deinen Zuschauern auf der Straße erkannt und angesprochen wurdest. Und was sagt in solchen Situationen ausnahmslos *jede einzelne Person* zu dir?«

Natürlich kannte ich die Antwort, stellte mich aber unwissend. »Ich weiß nicht, ›Hammer Hintern, du Hottie!‹ vielleicht?«

Claudia verdrehte ihre Augen. »Jede Person, die dich anspricht, sagt: ›Es tut mir leid, dass ich dich anspreche. Ich hoffe, ich lande nicht auf deiner Hass-Liste!‹«

Ich winkte ab, als handle es sich bei Claudias Behauptung um eine lästige Fliege. »Ach, die *scherzen* doch nur!«

»So ein Quatsch! Die Leute bibbern wie Dalmatiner in der Gegenwart von Cruella DeVil! Wenn du dann mit ihnen ins Gespräch kommst, sind sie immer ganz überrascht, wie nett du eigentlich bist!«

Puh, wer hätte ahnen können, dass Claudia nicht nur Frozen-Joghurt-Liebhaberin, sondern auch eine regelrechte Hobby-Psychologin war? Wenn ich ganz ehrlich bin, ist es natürlich völlige Absicht, dass ich in meinen Videos – anders als in meinen Texten – nicht allzu authentisch bin. Das Internet ist ein wüster Ort.

Schreibt jemand unter einem meiner Videos – wie so oft! –, dass er mich und meine gesamte Existenz verflucht und wünschte, ich wäre nie geboren, trifft mich das kein bisschen, weil ich weiß, dass diese Person nur »Michael Buchinger« kennt und keine Ahnung hat, wie Michi wirklich ist.

Ich hatte das Gespräch mit meiner Freundin schon völlig vergessen, als ich mich Monate später am Flughafen Wien wiederfand. Für einen Termin musste ich nach Hamburg fliegen und war, wie das bei mir so oft der Fall ist, ganze drei Stunden zu früh losgefahren.

Ich checkte im Eingangsbereich des Flughafens gerade zum fünften Mal den Status meines Fluges, um sicherzugehen, dass er sich nicht wie von Geisterhand geändert hatte, als ich von einem jungen Mann angesprochen wurde. »Du bist doch der Michael von YouTube, oder?«, wollte er wissen. Ich bejahte und wurde sogleich um einen Gefallen gebeten.

»Hallo, ich bin Karl. Ich hole meine Freundin Lara vom Flughafen ab. Sie wurde im Urlaub von ihrem Freund verlassen und ist großer Fan von dir. Ich denke, sie kann eine kleine Aufheiterung gebrauchen. Könntest du kurz mitkommen und ihr Hallo sagen? Eine Prise Hass würde ihr sicher guttun!«

Dieses Unterfangen kam mir wie eine selbstlose Aktion der Make-A-Wish-Foundation vor und schien mir die perfekte Gelegenheit, meinen Wikipedia-Eintrag endlich um die Unterrubrik »Wohltätiges« zu ergänzen. Zudem war das allemal ein besserer Zeitvertreib, als die nächsten drei Stunden geistesabwesend Düfte im Duty-free-Shop auszuprobieren. Kurzerhand bejahte ich und folgte Karl.

Ich musste an Claudia denken und daran, dass ihre Behauptung soeben widerlegt wurde: Dieser Typ hatte gar keine Hemmungen gehabt, mich anzusprechen. Er hatte auf nahezu stürmische Weise das Kommando übernommen, wie ich es mir nicht nur von Zuschauern, sondern auch von all meinen Liebhabern wünsche.

Wenige Meter weiter wurde mir auch schon Lara vorgestellt und ich begrüßte sie so überschwänglich und nett, als wäre sie die einzige Überlebende eines Flächenbrandes. Immerhin war sie verlassen worden – und das auch noch im Urlaub! Entsprechend entgeistert blickte sie auch drein und konnte nur ein leichtes Lächeln erübrigen, als sie mich sah. »Hi, was für eine Überraschung!«, murmelte sie in einem Ton, den ich anschlug, wenn ich abermals Socken zu Weihnachten bekam. Also drehte ich den berühmt-berüchtigten Buchinger-Charme bis zum Anschlag auf.

»Na, ist das nicht schön, dass wir uns hier treffen, am Flughafen? Ich liebe es ja, die Menschen am Flughafen zu beobachten. Wer sind sie, wo wollen sie hin? Da liegt richtig Vorfreude in der Luft!«, laberte ich drauflos. Ich kann mir einfach nicht helfen: Wenn ich mit sehr zurückhaltenden Menschen konfrontiert bin, spreche ich mit ihnen immer wie mit Kleinkindern oder alten Damen.

»Für mich geht es ja heute nach Hamburg«, schnatterte ich ohne Unterlass weiter, »die Stadt am Hafen mit Herz und Flair! Vielleicht schaffe ich es ja dieses Mal, auf den Fischmarkt zu gehen, oder ich gönne mir ein Musical. Was soll ich mir bloß ansehen, bei DER Auswahl? *König der Löwen*, *Kinky Boots*? Magst du denn Musicals, Lara?«

Lara sah mich an, als wäre ich ein absolut irrer Fremder, der einfach grundlos mit ihr über Musicals redete, was – unter uns gesagt – gar nicht so falsch war. »Nein, mag ich nicht …«, antwortete sie lustlos und blickte auf ihr Smartphone. Uff, zähes Publikum! Hilfe suchend blickte ich zu Karl, der mir bedeutete, mal eben mit ihm einen Schritt zur Seite zu treten.

»Michael, was machst du denn da?«, wollte er von mir wissen, als Lara außer Hörweite war. »Du sprichst, als wärst du der Wettermann in den Abendnachrichten! Du musst dich nicht für Lara verstellen, sei einfach du selbst!«

Aber genau das war es ja! Ich *war* ich selbst. Gut gelaunt, nett und allzeit bereit für Smalltalk, der in etwa so tiefgründig ist wie der Text eines Katy-Perry-Songs. Wieder dachte ich an Claudia und gestand mir ein, dass sie recht gehabt hatte. Manche Leute nahmen meine Online-Persona wohl doch ein bisschen zu ernst. Dieses Duo Infernale wollte gar nicht mich treffen, sondern »Michael Buchinger«. Na gut, dann sollten sie ihn kriegen. Aber nur, weil es Lara so schlecht ging.

Wieder bei Lara angekommen, begann ich zu meckern, als wäre ich ein schlechter Comedian, der bestellt worden war, um den Flughafen zur Schnecke zu machen. »Was ich am Flughafen am allermeisten hasse, sind diese Reisegruppen!«, echauffierte ich mich. »Besonders Männergruppen, die zum Poltern gemeinsam nach Berlin fliegen, um noch mal so richtig auf die Kacke hauen zu können, bevor sie das Gefängnis der Monogamie betreten!«

Laras Augen sahen nun nicht mehr ganz so tot aus.

»Die finden absolut alles lustig. Der Pilot muss nur durchsagen ›Bitte nutzen Sie auch den Hinterausgang!‹ und alle fangen an zu quieken wie Schimpansen in Aufruhr. Ich *hasse* solche Gruppen – wäre ich nicht im gleichen Flugzeug, würde ich ihnen richtig üble Turbulenzen wünschen!«

Na endlich: Lara lachte. Wir machten ein gemeinsames Foto, für das sie ebenfalls ein kleines Lächeln aufbringen konnte, und dann trennten sich unsere Wege auch schon wieder. Aber nicht, bevor meine neue Bekanntschaft sich entschuldigte. »Es tut mir leid, dass ich heute nicht so gut drauf bin. Mein Urlaub war nicht so schön. Danke für das Foto – und ich hoffe, ich komme nicht auf deine nächste Hass-Liste!«

Ich war baff: Claudia hatte mit fast allem, was sie gesagt hatte, recht gehabt. Zumindest die zwei vom Flughafen hatten keine Ahnung – und auch kein Verständnis dafür –, dass ich privat ein bisschen anders bin als in meinen Videos. Doch anders, als Claudia behauptet hatte, hatten sie überhaupt kein Interesse daran, mein wahres Ich kennenzulernen. Ich bin mir nicht sicher, ob es allen Internet-Persönlichkeiten so geht. Vielleicht sind all die organisierten Minimal-Living-Blogger heimlich Messis und die vegane Community trifft sich nach Sonnenuntergang im Wald zum Spanferkel-Grillen? Ich weiß es nicht! Aber was meinen Hass und meine nie enden wollende Bösartigkeit betrifft: Die sind ein Mythos wie die meisten Thigh Gaps.

Ich dachte wirklich, die Leute wüssten das.

Michi gegen den Rest der Schule

Mit einem schweren Seufzer ließ ich mich auf den Beifahrersitz des Autos meiner Mutter fallen. »Na, wie war's in der Schule?«, fragte sie mich fröhlich. Damals, mit dreizehn, hatte ich gerade einen weiteren Achtstundentag in der katholischen Privatschule hinter mich gebracht und fing langsam, aber sicher an, all diese Jugendlichen zu verstehen, die mit sechzehn die Schule abbrachen, um hauptberuflich Skateboarder zu werden.

»Ganz okay«, flunkerte ich und klang dabei kein bisschen überzeugend. In Wahrheit war der vergangene Schultag natürlich eine wahre Shit-Show gewesen und ich verbrachte viel Zeit damit, mir zu überlegen, wie ich am schnellsten krank werden konnte, um für einige Tage dem Unterricht fernzubleiben. Würde es reichen, mit nassen Haaren im Garten herumzuspazieren, oder musste ich schon die Haltestange im Bus ablecken?

An diesem Tag konnte ich es kaum erwarten, nach Hause zu meinen geliebten Serien über verzweifelte Hausfrauen und singende Glee-Clubs zu kommen. Da mir die Schule schon seit einiger Zeit keine Freude mehr bereitete, hatte ich es zu meinem Morgenritual gemacht, die neuesten Folgen von Serien zu downloaden, damit ich etwas hatte, worauf ich mich nach dem Unterricht freuen konnte. Im Grunde genommen behandelte ich mich selbst wie einen Hamster im Testlabor: Für jede schwere Hürde gab es eine Belohnung.

Eine Zeit lang saßen wir schweigend im Auto, dann sah mich meine Mutter besorgt an. »Michi, ist in der Schule jemand gemein zu dir?«

Mist! War es so offensichtlich? Woher kam diese plötzliche Auffassungsgabe? Mehrere Monate zuvor hatte ich unzählige, weniger subtile Hinweise darauf fallen lassen, dass ich mir einen Furby zu Weihnachten wünschte, und dennoch Socken bekommen. Aber sobald es eine Sache gab, die sie *nicht* wissen sollte, kam meine Mutter schneller dahinter als Inspektor Columbo.

»Nö, alle lieben mich!«, log ich erneut und schwieg für den Rest der Fahrt. Zu diesem Zeitpunkt kam es mir tatsächlich aber so vor, als wäre meine gesamte Schule gegen mich, obwohl das Mobbing eigentlich erst vor wenigen Monaten mit nur einer Person angefangen hatte. Wenngleich wir schon seit Jahren Klassenkameraden waren, fing Patrick unvermittelt an, mich aufgrund meiner Homosexualität zu schikanieren.

Zu diesem Zeitpunkt war ich noch nicht geoutet, aber ich besuchte auch keine Schule für »langsame Lerner mit Seh- und Hörschwäche«, also wussten die meisten meiner Mitschüler, was Sache war. Was Patrick wohl auf meine Homosexualität aufmerksam gemacht hatte? War es die Tatsache, dass ich mich stets kleidete, als würde ich gleich nach dem Biologieunterricht schnurstracks zum Christopher Street Day gehen, oder doch eher meine Tendenz, bei jeder unmöglichen Gelegenheit Referate über Cher, Bette Midler und Barbra Streisand zu halten? Ich würde es nie erfahren.

Jedenfalls hatte Patrick Gefallen daran gefunden, mich täglich lautstark darauf hinzuweisen, dass ich anders als die anderen war.

»Hey Schwuler!«, sagte er unentwegt, als hätten mich meine Eltern auf diesen Namen getauft. An der Wand neben meinem Sitzplatz tauchten, ähnlich wie diese Botschaften in »Harry Potter und die Kammer des Schreckens« gruselige Schriftzüge auf, die »I'm with gay!« oder »God hates fags!« lauteten, und ich war mir ziemlich sicher, dass Patrick sie verfasst haben musste.

Dabei musste sich Patrick in Sachen »von der Norm abweichen« gerade melden. Wenngleich er zu Beginn unserer Schulzeit noch ein durchschnittlich gebauter Junge gewesen war, sah er nun so aus, als wäre dieser Junge von einem Sumo-Wrestler gegessen worden. Ein Blick in seine Richtung während des Unterrichts zeigte ihn nur selten *nicht* an einer Wurstsemmel nagend, die er in seiner Schulbank lagerte.

Wäre es nur der dicke Patrick gewesen, wäre das halb so schlimm gewesen. Seine Schwulen-Gags konnte ich stets mit einem trockenen »Wow, du hast heute wohl einen Clown gefrühstückt ... oder wohl eher zwölf« parieren. Doch mit seinem Verhalten gab er indirekt auch anderen Schülern die Erlaubnis, mich zu triezen.

Am meisten ärgerten mich die Schikanen der Jungs aus der Klasse unter mir, mit denen wir gemeinsam Sportunterricht hatten. Eine Gruppe von ihnen bewarf mich bei Ballspielen gezielt und fasste mir in unbeachteten Momenten an den Po. Ich verstand ihre Logik nicht ganz: Sie fassten mir an den Po, um mir zu signalisieren, dass ich schwul war? Würden sie mir als Nächstes Zungenküsse geben und mich zum Essen einladen?

Schließlich gab es da auch noch die Mädels-Gang aus meiner Parallelklasse, angeführt von der fiesen Bernadette, die mir tagtäglich zu schaffen machte. Aus Lehrermangel wurden bei gewissen Unterrichtsfächern wie Englisch oder Latein Klassen zusammengelegt, weswegen ich fast jeden Tag mit diesem aggressiven Pack zu tun hatte.

Es kränkte mich wenig, wenn Jungs mich aufgrund meiner Homosexualität verurteilten: Vermutlich mussten sie einfach nur ihre eigene Männlichkeit und Heterosexualität betonen, indem sie mich schikanierten. Abgesehen davon konnte ich diesen Rüpeln mit ihrer Vorliebe für doofe Dinge wie Autorennen und Ballsport ohnehin nichts abgewinnen.

Aber Mädchen? Das waren diejenigen, mit denen ich mich nur zu gerne gut verstehen wollte. Soweit ich es mitbekommen hatte, hatten wir doch die gleichen Interessen, wie *Desperate Housewives* gucken, Popmusik und – nicht zuletzt – Jungs mit Waschbrettbauch. War es in den Teenie-Filmen nicht immer so, dass Mädchen schwule Mitschüler unter ihre Fittiche nahmen? Diese Mädchen machten keinerlei Anstalten in diese Richtung.

Auch Bernadette und ihre Gang machten es sich zum Sport, mich auszugrenzen, und ihre Taten schmerzten am meisten. Setzte ich mich in der großen Pause auch nur annähernd in ihre Umgebung, standen sie gesammelt auf und ließen mich alleine sitzen, während sie mit wüsten Beleidigungen um sich warfen. Insbesondere Bernadette neigte dazu, mir ganz genau zu erklären, was mit mir nicht stimmte.

»Du bist ein *Junge*! Du solltest Rammstein hören, nicht die neue Platte von Paris Hilton!«, jaulte sie, nachdem ich meinen iPod mal ein bisschen zu laut aufgedreht hatte. »Du schaust *Gilmore Girls*? Es würde mich nicht wundern, wenn du ewig Jungfrau bleibst!« Diese Beleidigungen klingen rückblickend betrachtet natürlich banal. Eher wäre ich bei einem Wurstsemmel-Wettessen gegen Patrick angetreten, als Rammstein zu hören, und von den *Gilmore Girls* habe ich über die Jahre wohl mehr gelernt als in meiner ganzen Zeit an dieser Schule. Aber zu diesem Zeitpunkt tat mir die Ausgrenzung meiner weiblichen Mitschülerinnen besonders weh.

Kaum ein Tag verging, ohne dass ich von Patrick, den Sport-Jungs und der Mädels-Gang verbal attackiert wurde. Wenngleich ich auch einige Freunde hatte, erlangten diese allein durch die Bekanntschaft mit mir selbst Außenseiter-Status. Eine Freundschaft mit mir war also ein regelrechtes Risiko, so als würde man rohes Fleisch in einem China-Restaurant mit einer Tripadvisor-Bewertung von unter 3,5 Punkten bestellen. »Da darf man sich nicht wundern ...«, würden die Leute im Nachhinein – sowohl über das Gammelfleisch als auch über die Freundschaft mit mir – sagen.

Und jetzt merkte selbst meine Mutter, dass ich zum Mobbing-Opfer geworden war. So konnte es nicht weitergehen!

Ihr müsst wissen, dass diese Art der Ausgrenzung völlig neu für mich war. Meine Eltern erzogen mich mit halbwegs gesundem Selbstwertgefühl und ich war mein ganzes bisheriges Leben lang ziemlich beliebt gewesen. Was da in der Schule abging, war völlig unverständlich für mich: Erkannten diese Menschen denn nicht, wie unglaublich lustig und liebenswürdig ich war? Unfassbar!

Eines Abends entschied ich, dass ich mir das unmöglich länger gefallen lassen konnte. Ich weigerte mich, weiterhin in der Opfer-Rolle zu stecken, und beschloss, das Steuer selbst in die Hand zu nehmen. Ja, diese Menschen waren vielleicht gut darin, das Offensichtliche – nämlich meine Homosexualität – beim Namen zu nennen – aber das konnte ich natürlich auch. Heute bin ich nicht sonderlich stolz darauf, aber ich entschied, meinen Mobbern einen Tropfen ihrer eigenen Medizin zu verabreichen.

Mein erstes Opfer sollte Patrick sein.

Es war sehr einfach, Patrick zu mobben, da es im wahrsten Sinne des Wortes genug Angriffsfläche dafür gab. Ich beschloss, inspiriert von meiner Lieblingssendung *Desperate Housewives*, anonyme Botschaften an Patrick in seiner Schulbank – gleich neben all den Wurstsemmeln! – zu hinterlassen.

Diese Nachrichten bezogen sich natürlich allesamt auf Patricks Alleinstellungsmerkmal: sein Übergewicht. Eine Woche lang erwarteten ihn Tag für Tag neue Gemeinheiten und Dickenwitze in seinem Fach, als hätte er per SMS einen äußerst diskriminierenden Witze-Service abonniert.

Ich merkte, dass ihn diese Sticheleien Trübsal blasen ließen. Wie der verrückte Puppenspieler, der ich zu diesem Zeitpunkt war, ging ich also zu ihm hin und fragte: »Patrick, warum das lange – und breite! – Gesicht? Ist etwa jemand so gemein zu dir wie du zu mir?« Patrick war leider keine allzu gute Kombinationsgabe in die Wiege gelegt worden, also witterte er nicht, dass ich hinter den Botschaften steckte, obwohl es spätestens nach dieser Aussage natürlich offensichtlich war. Es war immerhin eine katholische Privatschule und sie hatten uns oft genug diesen »Was du nicht willst, das man dir tu …«-Kack eingetrichtert, also dachte er wohl, dass hier Karma im Spiel war, und ging mir nie wieder auf die Nerven.

Patrick war ein leichtes Opfer. Umso schwieriger gestaltete es sich, die Jungs aus der Klasse unter mir zum Schweigen zu bringen. Ja, ich weiß, dass ich an dieser Stelle bereits wie ein machttrunkener Mafia-Boss klinge. Ich erinnerte mich an die frühen *Gilmore Girls*-Folgen, in denen Rory neu an dieser Hogwarts-artigen Privatschule ist und mit ihren fiesen Mitschülern, angeführt von ihrer Kontrahentin Paris, zu kämpfen hat. Weil sie um einiges cleverer als die meisten dort ist, gelingt es ihr schließlich, sich durch ihre Schlagfertigkeit beliebt zu machen, und dabei fängt sie beim schwächsten Glied der Gruppe an. Mir fielen Parallelen zu den Jungs auf, die mir so gerne an den Po fassten. Auch diese Gruppe hatte einen Anführer – Tobias –, der am häufigsten agierte. Der Rest schaute eigentlich nur dabei zu und lachte so affig, als säßen sie alle im Publikum einer Mario-Barth-Show.

Es war Zeit für mein Ass im Ärmel. Als junger Schwuler auf dem Land entwickelt man schnell einen sechsten Sinn und kann andere Homosexuelle zehn Meilen gegen den Wind erkennen. Es ist wie *Fräulein Smillas Gespür für Schnee*, nur mit Schwulen. Man musste kein Verhaltenspsychologe sein, um zu erkennen, dass der ältere Bruder von Mario – einem der Jungs, die nur zuschauten und blöd lachten – offensichtlich schwul war. Nicht nur das, ich hatte einmal sogar einen Spaziergang mit ihm unternommen, in dessen Verlauf er mir Avancen machte, die ich gekonnt zurückwies. Genau so, wie ich mich weigere, Marzipan zu essen, selbst wenn es das einzige Gericht auf der Dessert-Karte ist, bekam auch Marios Bruder von mir ein eindeutiges »Nein!«.

Mein nächster Schritt war auch nicht unbedingt die feine englische Art, aber in meiner Mission, aus der Opferrolle auszubrechen, hatte ich ohnehin bereits sämtlichen Anstand über Bord geworfen.

Das nächste Mal, als mir einer der Jungs an den Po fasste und fragte, ob mir das denn gefalle, drehte ich mich blitzschnell herum.

»Nein, es gefällt mir nicht«, schoss es aus mir heraus, und dann fixierte ich ausschließlich Mario. »Aber ich kenne jemanden, dem es durchaus gefallen könnte. Wie kannst du über die Aktionen deines grenzdebilen Freundes lachen, wenn dein großer Bruder ebenfalls schwul ist? Findest du das okay? Würdest du auch lachen, wenn ihn jemand so behandelt?« Anschließend bedachte ich die gesamte Gruppe mit abwertenden Blicken. »Denkt mal darüber nach, ihr hirntoten Herdentiere!«

Wer hätte gedacht, dass ich *das* in mir habe? Bis zum heutigen Tag bleibt »Denkt mal darüber nach!« meine liebste Nonsens-Floskel.

Sie lachten alle verlegen, wie dumme Typen es eben tun, wenn sie das soeben Gesagte erst mal verarbeiten müssen. Ich drehte mich schwungvoll um, aber hörte im Weggehen den Anführer sagen: »Aber wo er recht hat, hat er natürlich recht ...« Und das war das Ende dieser Geschichte.

Blieb also nur noch die Besetzung von *Girls Club*, a.k.a. die gemeine Mädels-Gang, die mir mit ihren Gemeinheiten den Alltag vermieste. Hier entschied ich mich für die bislang härteste Form meiner Revanche: Anstatt anonyme Botschaften zu hinterlassen oder Klartext zu sprechen, beschloss ich, mich auf das Niveau meiner Kontrahentinnen zu begeben und einfach zurückzumobben.

Zu Beginn einer gemeinsamen Latein-Stunde trottete Bernadette, die Anführerin der Mobbing-Gruppe, an meinem Tisch vorbei. Ihr extrem voluminöses Haar und die aufgeworfenen Lippen gaben bereits preis, dass Bernadette über den Charme eines Maschendrahtzauns verfügte.

»Schwuchtel!«, sagte sie im Vorbeigehen zu mir und kicherte dabei leise. Nachdem ich bereits zwei meiner Mobber in die Flucht geschlagen hatte, war ich in diesem Moment machttrunken und verdrehte nur demonstrativ die Augen. »Von der lasse ich mich nicht mobben, die sieht doch aus wie ein Huhn!«, sagte ich zu Julian, meinem Sitznachbar und besten Freund, der wegen mir nicht selten ebenfalls ausgegrenzt worden war.

Als ich mich zu ihm umdrehte, war er vor Lachen rot angelaufen und schnappte nach Luft. »Wir sind jetzt schon drei Jahre mit ihr in einer Stufe, und das ist mir noch nie aufgefallen«, sagte er, als er sich wieder gesammelt hatte, »aber du hast absolut recht! Sie sieht wirklich aus wie ein Huhn!« Dann brachen wir beide wieder in Gelächter aus. Ich merkte, wie Bernadette sich unsicher nach uns umdrehte.

Man möchte meinen, dass all die Zeit als Mobbingopfer mich eines Besseren belehrt hätte, aber schon bald verstand ich, was diesen Menschen daran gefiel, mich fertigzumachen. Bernadette zu mobben war schnell mein neues Steckenpferd (oder Steckenhuhn?) geworden und ich konnte es an manchen Tagen kaum erwarten, endlich wieder in die Schule zu kommen und ihre einfallslosen »Schwuchtel!«-Rufe mit neuen Beleidigungen zu kontern.

Egal, ob ich einfach nur gackerte, wenn Bernadette an mir vorbeiging, oder mutmaßte, dass, während andere Mädchen Modemagazine lasen, sie sich ihre Stylingtipps aus Landwirtschaftsbroschüren holte – meine Witze waren wirklich das Gelbe vom Ei.

Ich verbrachte einige Zeit damit, die faszinierende Welt der Hühner zu recherchieren, sodass ich besonders ausgeklügelte Anspielungen fallen lassen konnte. Ob Bernadettes Schlafzimmer wohl nur aus einer riesigen Stange bestand, auf der sie sich auf die Brutzeit vorbereitete? Besonders stolz war ich auf den Gag, den ich brachte, als Bernadette im gemeinsamen Englischunterricht vor der ganzen Klasse das Verb »to put« konjugieren musste. »Das ist ganz einfach!«, sagte sie hochnäsig wie immer. »Put, put, put!« Ich ließ keine Sekunde verstreichen, drehte mich zu Julian, spitzte meine Lippen und sagte «Puuutt, putt-putt-putt«, so wie alte Menschen es gerne machen, wenn sie Hühner sehen. Die ganze Klasse fing an zu lachen. Bernadette wurde vor Wut ganz rot im Gesicht; ohne Zweifel eine allergische Reaktion auf die Tropfen ihrer eigenen Medizin, die ich ihr soeben verabreicht hatte.

«Kannst du mir bitte sagen, warum du das machst? Und kannst du mir sagen, warum du die ganze Zeit gackerst?«, platzte es aus ihr heraus. Sie täuschte niemanden: Wäre unsere Lehrerin nicht dabei gewesen, hätte Bernadette diese Frage sicher ein bisschen anders formuliert, aber in Anwesenheit des Lehrkörpers gab sie sich immer wie ein unschuldiges Küken.

»Ich weiß es nicht, kannst du mir sagen, warum du dich stylst wie ein Huhn?«, fragte ich sie im Gegenzug. Die Klasse fing erneut zu lachen an, und diesmal konnten sich auch Bernadettes Freundinnen vor Lachen nicht halten. Ich spürte eine Bestätigung, die ich noch nie zuvor empfunden hatte. Überraschenderweise bekam ich keinen Ärger. Entweder war es meiner Lehrerin egal, dass ich so gemein war, oder sie wusste, dass ich eine schwierige Zeit gehabt hatte, und erlaubte mir eine Retourkutsche.

Wenngleich ich Bernadette durch diese Aktion eigentlich nur zeigen wollte, wie ich mich tagtäglich durch ihre Schikanen fühlte, begann ich überraschenderweise auch, meine Kontrahentin zu verstehen: Mobbing fühlte sich spitze an! Das Gelächter und die Bestätigung für eine gemeine Aussage waren irrsinnig befriedigend. Ich hatte mich bis zu jenem Zeitpunkt in der Schule noch nie so stark gefühlt wie in dem Moment, als ich eine andere Person schwächer machte.

Nach dieser Aktion beschloss ich, meinen Rachefeldzug zu beenden. Ohne Zweifel hatten alle Beteiligten ihre Lektionen gelernt, und wenngleich ich nie eine Entschuldigung bekam, hörte ich auch von Bernadette nie wieder ein negatives Wort über meine Sexualität. Um ehrlich zu sein, tat sie mir ein bisschen leid:

Meine Hühner-Beobachtung war offenbar so treffend gewesen, dass sie damit noch Wochen, nachdem ich meine Rolle als Tyrann an den Nagel gehängt hatte, von anderen aufgezogen wurde.

Ich kann offen und ehrlich sagen, dass ich seit diesen wüsten drei Wochen an der katholischen Privatschule nie wieder Mobbing am eigenen Leib erfahren musste. So konnte ich mich auf die Dinge konzentrieren, die mir wirklich wichtig waren: Meine Freunde und meine Referate über Ikonen der Schwulenszene.

Wenig später holte mich meine Mutter wieder von der Schule ab und war überrascht von meiner guten Laune. »Nanu, was ist denn mit dir los? Hast du etwa eine Eins für dein Oprah-Winfrey-Referat bekommen?«, wollte sie wissen. Für einen kurzen Moment überlegte ich, ihr die ganze Geschichte zu erzählen: Wie ich gemobbt worden war, beschlossen hatte, dass ich mir das nicht gefallen lassen würde, und mich Stück für Stück – und mit sehr fragwürdigen Methoden – selbst verteidigte. Stattdessen entschied ich mich dieses Mal für eine kurze und knappe Antwort, die gar nicht mal gelogen war: »Nein, Mama, heute war einfach ein wirklich, wirklich guter Tag in der Schule!«

Durch freche Lügen
zur wahren Liebe

An einem verregneten Abend im März saß ich gerade mit einer Flasche Rotwein bei meinem Kumpel und Chef Tommy zu Hause. Irgendwann im Laufe unserer Zusammenarbeit war Tommy zu meinem Mentor in allen Lebenslagen geworden und ich heulte ihn deshalb gerade mit meinem zu diesem Zeitpunkt ziemlich problematischen Liebesleben voll: Ich war nun schon öfter mit einem Typen namens Johannes ausgegangen, aber es wollte einfach nichts zwischen uns passieren – wir hatten uns noch nicht mal geküsst.

Dabei verstanden wir uns doch so gut! Wir hatten beide eine Vorliebe für trashige Realityshows und einmal, während wir gerade Tretboot fuhren (Johannes war – aus welchem Grund auch immer – Tretboot-Liebhaber, aber ich war gewillt, über seine Makel hinwegzusehen), geriet das Boot ins Wanken und Johannes legte seinen Arm um mich. Eine Geste, die mir ob unserer Zaghaftigkeit so wild erschien, dass ich im Anschluss eine Zigarette danach brauchte. Aber mehr passierte zwischen uns nicht. »Wie oft habt ihr euch denn schon gesehen?«, wollte Tommy wissen. Ich zählte kurz nach: sechs Mal. Tommy verzog sein Gesicht, als hätte er gerade in eine Zitrone gebissen. »Nein, vergiss es. Beim dritten Date *muss* etwas passieren, sonst wird nie was passieren.

Jeder weiß das.« Ich dachte kurz nach und musste feststellen, dass Tommy vollkommen recht hatte: Mit einer einzigen Ausnahme war bei all meinen übrigen Dates meist spätestens beim dritten Treffen etwas »passiert«. Wieso und weshalb wusste ich bisher noch nichts davon? Verdammt! Mein Leben lang war ich davon ausgegangen, dass Dating wie eine Art Glücksspiel war, bei der es nicht in der eigenen Hand lag, ob man gewann oder verlor. Wie ein planloser Casinobesucher am einarmigen Banditen rieb ich mir vor jedem Date die Hände und schickte ein Stoßgebet an »Lady Luck«, in der Hoffnung, dass mein Rendezvous diesmal nicht, mit einem KFC-Eimer im Schoß, allein auf meinem Sofa endete, wo ich mir die Zehennägel feilte und mir mehr Glück beim nächsten Mal wünschte.

Nun musste ich also herausfinden, dass es Regeln gab und ich womöglich sogar mehr Glück in der Liebe haben konnte, wenn ich mich nur ein bisschen anstrengte? Unfassbar. Ich kam mir vor wie damals, als ich allen Ernstes dachte, ein Marathon wäre nur zehn Kilometer lang, und daher gerne stolz erzählte, dass ich in meiner Freizeit regelmäßig Läufe in Marathonlänge unternahm, bis mich endlich jemand aufklärte.

Man möchte meinen, dass mir Tommys kleine Einführung in die wirre Welt der Dating-Regeln irrsinnig geholfen hätte und ich in Windeseile zum Dating-Weltmeister avanciert wäre, doch ganz im Gegenteil: Vorerst entwickelte ich panische Angst vor dem entscheidenden dritten Date und gestaltete dieses sicherheitshalber immer so unsexy wie möglich, um mich ja nicht zu früh zu binden.

»Ich schlage vor, dass wir in diverse Hallenbäder gehen und die Sauberkeit des Schwimmwassers überprüfen. Viele Leute wissen nicht, dass sie da praktisch in einem Mund schwimmen!«, sagte ich etwa und stieß selten auf Beifall. Nach einigen Wochen aber beschloss ich, mehr über diese berüchtigten Dating-Regeln in Erfahrung zu bringen. Ein passendes Buch musste her!

Bislang hatte ich die »Lebenshilfe«-Abteilung meiner Lieblingsbuchhandlung gekonnt gemieden, da ich in dieser düsteren Ecke des Geschäfts fast ausschließlich Menschen beobachtete, die entweder mit sich selbst sprachen oder barfuß unterwegs waren. Doch verzweifelte Situationen erfordern verzweifelte Maßnahmen.

Überfordert von der Vielzahl an Dating-Ratgebern, entschied ich mich einfach für einen amerikanischen Mega-Bestseller, den ich an dieser Stelle »Die 66 Gebote« nennen werde. Berüchtigt dafür, seinen Lesern einen so genauen Schlachtplan für das Angeln eines Partners zu bieten, als handle es sich dabei um das Filetieren eines frischen Fisches, wurde der Ratgeber auf der Rückseite in höchsten Tönen gelobt.

Dass Bücher im Klappentext *immer* in höchsten Tönen gelobt werden, kam mir zu diesem Zeitpunkt nicht in den Sinn. Hätte ich vor dem Kauf nur ein bisschen recherchiert, hätte ich erfahren, dass die 66 *Gebote* massiv dafür kritisiert wurden, dass Lesern durch die vielen Regeln beigebracht wurde, ihre Partner zu belügen. So, wie ich mich kenne, wäre diese »Kritik« aber wahrscheinlich das finale Kaufargument für mich gewesen. »Durch freche Lügen zur wahren Liebe? Ich nehme gleich sechs Stück!«

»Natürlich kann man dadurch einen Partner finden, aber am Ende verbiegt man sich mit den 66 *Geboten* so sehr, dass der andere genauso gut eine Beziehung mit einer Fantasiefigur wie der bezaubernden Jeannie führen könnte!«, meint etwa eine Online-Rezensentin namens »Fräulein Frida Fantastisch«, deren Bewertung ich wenige Tage später im Netz lesen sollte.

Dieser beknackte Nutzername, kombiniert mit der Tatsache, dass die kulturellen Referenzen aus einer Zeit stammten, in der Tanzen noch als Sünde galt, gab mir Entwarnung: Ich konnte mich ja an ein paar Ratschläge aus den 66 *Geboten* halten, um einen Freund zu finden, und dann eines Tages meine echte Persönlichkeit enthüllen, als wäre sie ein dritter Nippel, der mir auf meinem Rücken wächst. Freudig stürzte ich mich in die Lektüre. Mein Abenteuer konnte losgehen!

Wenn ich meinem neuen Ratgeber vertrauen durfte, dann hatte ich allem Anschein nach so viel Sex-Appeal wie ein altes Stück Blauschimmelkäse: Mein Leben lang war ich davon ausgegangen, dass es normal und gut sei, einfach offen zu sein und den ersten Schritt zu wagen. Weit gefehlt! Die 66 *Gebote* schreiben vor, man solle immer ein bisschen den Eindruck erwecken, als würde man den Partner eigentlich gar nicht so sehr mögen, und daher nur selten auf Anrufe und Nachrichten antworten.

Auf gar keinen Fall dürfe man ihn um ein Treffen bitten, sondern solle darauf warten, um ein Treffen gebeten zu werden. Sprich: Immer so tun, als wäre man desinteressiert und beschäftigt, obwohl man zu Hause auf dem Sofa liegt, darüber nachdenkt, wer einen retten würde, sollte eine viel zu große Mandel in der Luftröhre stecken bleiben, und insgeheim auf eine SMS von der begehrten Person wartet.

»Aber was, wenn *beide* Personen die 66 *Gebote* gelesen haben?«, fragte ich mich. »Ignoriert man einander dann nur noch, wie ein altes Ehepaar, das sich nicht sicher ist, ob sich eine Scheidung jetzt noch lohnt?« Egal! Johannes wirkte nicht wie die Sorte Mensch, die neben seiner Tretboot-Faszination auch noch Zeit für Selbsthilfebücher hatte, und so ließ ich meine ersten Zweifel prompt fallen.

Völlig begeistert davon, endlich eine schriftliche Erlaubnis zum Lügen gefunden zu haben, prägte ich mir jede einzelne Regel ein, wie ich es sonst nur mit Beyoncé-Songtexten tat, und war gewillt, sie in einem letzten Versuch bei meiner fast-schon-erloschenen Flamme Johannes anzuwenden.

Eine der wichtigsten (und, zugegeben, lächerlichsten) Regeln ist etwa, auf Nachrichten erst mindestens vier Stunden später zu antworten und die Antwort kürzer als die vorherige Nachricht ausfallen zu lassen. Nicht antworten, damit die andere Person einen mehr mag, war meines Erachtens nach in etwa so sinnvoll wie dieses eine Mal, als ich meinte, fünf Kilo abnehmen zu können, indem ich mich eine Woche lang ausschließlich von Kartoffelchips ernährte.

Unsere SMS-Verläufe sahen in etwa so aus:

J: Was machst du?

M (vier Stunden später): Ich lerne.

J: Was?

M: BWL

Ich möchte an dieser Stelle festhalten, dass ich noch nie in meinem Leben BWL gelernt habe, aber es war wohl das einzige Fach, das weniger Buchstaben als »Was?« hatte. So ging es eine Zeit lang hin und her, bis Johannes schließlich genug hatte. Er rief mich an und bettelte nahezu um ein Date. Das war noch nie da gewesen! Das letzte Mal, dass jemand inständig um ein Treffen bat, war es eine Bibliothekarin, die darauf bestand, dass ich endlich meine

Ausgabe von 50 *Shades of Grey* retournierte. Die *Gebote* funktionierten!

»Moment, lass mich kurz nachsehen, ob ich überhaupt Zeit habe …«, sagte ich cool wie eh und je und blätterte in einem Terminkalender, dessen Seiten so leer waren, als wäre ich bereits Anfang des Jahres verstorben.

»Ja, ich glaube, am Dienstag nach 18 Uhr hätte ich Zeit! Davor bin ich beim Squash …«, flunkerte ich nonchalant, um auf das Hobby hinzuweisen, von dem in den *Geboten* die Rede war, und kam mir dabei irrsinnig toll vor: Johannes hatte Tretboote, ich hatte Squash!

Wir verabredeten ein Abendessen in einem kleinen italienischen Restaurant, das mir wie die perfekte Kulisse schien, um Johannes mit ein paar kleinen Flunkereien ein für alle Mal um den Finger zu wickeln. Ich war so gut auf unsere Verabredung vorbereitet, dass es mich nicht gewundert hätte, hätte Johannes mich noch am selben Abend gefragt, ob er unsere Namen in ein Tandem eingravieren lassen sollte.

Schließlich kam der Abend unseres großen Dates, und zu behaupten, dass ich wie ein völlig neuer Mensch wirkte, wäre eine Untertreibung gewesen: Einst noch herzlich und echt, gab ich mich Johannes gegenüber während unseres Essens in etwa so blasiert, als wäre er ein Kommilitone und als könne ich es nicht erwarten, nach Beendigung des Semesters endlich den Kontakt zu ihm abzubrechen. Natürlich war das eines der *Gebote*: Sei bei einem Rendezvous nett, aber leicht distanziert, um immer die Oberhand zu bewahren.

»Und, hast du schon die neueste Folge *Keeping Up With The Kardashians* gesehen?«, fragte Johannes, um auf unsere liebste gemeinsame Realityshow zu sprechen zu kommen. Mittlerweile vollkommen besessen von meiner Rolle als Eiskönig, ließ ich ihn auch bei diesem Thema abblitzen. »Hmm, ich habe dieser Tage nicht wirklich Zeit für *Fernsehen*«, sagte ich und betonte das Wort in einem missbilligenden Ton, den ich mir sonst nur für Graffiti und andere Formen des Vandalismus aufhebe.

Johannes stocherte resigniert in seinem Essen. Alles lief ganz fabelhaft nach Plan und ich zählte nur die Minuten, bis Johannes vorschlagen würde, das Dessert bei ihm zu Hause einzunehmen. Denn wer möchte nicht jemanden mit nach Hause nehmen, von dem er den ganzen Abend lang behandelt wurde wie ein störender Hautausschlag?

Doch nachdem wir die Rechnung (getrennt!) beglichen hatten, verabschiedete sich Johannes mit einer sanften Umarmung und meinte, dass er wirklich schon müde sei. »Halb so wild!«, dachte ich mir. Wenn ich den 66 *Geboten* Glauben schenkte, so würde mich spätestens drei Tage später eine Nachricht erreichen, in der Johannes mir vorschlug, sofort zu ihm zu ziehen und seine Eltern kennenzulernen.

Doch drei Tage vergingen, drei Wochen, drei Monate und ich hörte nie wieder etwas von Johannes. Anfangs hatte ich noch vermutet, dass er bei einem verheerenden Tretbootunfall ums Leben gekommen war, doch von Woche zu Woche stieg mein Verdacht: Was, wenn die 66 *Gebote* einfach nicht funktionierten? Wäre es nicht besser gewesen, bei unserem letzten Date ein bisschen weniger zu lügen und ein bisschen mehr ich selbst zu sein?

Ein ganzes Jahr war vergangen, als ich eines Abends Johannes beim Ausgehen in einem Wiener Nachtclub wiedertraf und nüchtern genug war, ihn sofort zu erkennen, und angesäuselt genug, um ihn zu fragen, warum er sich nie wieder gemeldet hatte. Wenn mich meine Vorliebe für Realityshows eines gelehrt hatte, dann, dass Konfrontation die einzige effektive Methode war, um an die Antworten zu kommen, nach denen man lechzte.

Bei einem Bier schenkte Johannes mir reinen Wein ein. »Um ehrlich zu sein«, erklärte er vorsichtig, »hatte ich das Gefühl, dass du irgendwann kein Interesse mehr an mir hattest. Gegen Ende warst du irgendwie kühl und schnippisch.« Genau das war es, was ich eigentlich nicht hören wollte. Ich hatte gehofft, dass ein paar kleine, feine Lügen unserer lauwarmen Bindung dieses gewisse *je ne sais quoi* geben könnten, aber genau das Gegenteil war der Fall gewesen.

Wenngleich ich mittlerweile wirklich kein Interesse mehr daran hatte, die bisher unglaublich mühsame Liebschaft zwischen Johannes und mir wieder aufzuwärmen, kam ich nicht umhin, mich zu ärgern: Wer weiß, welch schöne Momente wir gehabt hätten, wäre ich nicht unsicher genug gewesen, mich mit eiserner Hingabe an absoluten Nonsens zu halten, wie ich es sonst nur von Scientologen kenne.

Sobald ich an jenem Abend nach Hause kam, warf ich »Die 66 Gebote« dramatisch in den Abfalleimer. Onlinerezensentin Fräulein Frida Fantastisch hatte recht: Auch wenn es sich manchmal ganz verlockend anhört, kann man Menschen nun mal nicht wie Maschinen behandeln und erwarten, dass alle nach dem gleichen Schema funktionieren. Schade nur, dass ich ein Selbsthilfebuch kaufen musste, um zu dieser Erkenntnis zu kommen.

50 Shades of Meh

Heiko saß mir gegenüber und verschlang seinen Salat, als hätte er über Jahre angestaute Aggressionen gegen Grünzeug. Mit offenem Mund kauend, fielen ihm immer wieder vereinzelte Blätter auf den Tisch und auch das Dressing hatte es mittlerweile bis in mein Glas Cola light geschafft. Mit starrer Miene musterte ich die Naturkatastrophe vor meinen Augen. Was hatte ich mir da bloß eingebrockt?

»Ich hoffe, es stört dich nicht, wenn ich etwas esse?«, hatte Heiko vorher noch gefragt. Da wir uns erst für 20 Uhr auf ein Getränk verabredet hatten und Gwyneth Paltrow davon abrät, nach 18 Uhr auch nur eine Weintraube zu snacken, hatte ich natürlich bereits gegessen und Heiko vergewissert, dass mir seine Mahlzeit nichts ausmachte. »Gut, denn viele Männer finden es eigenartig, mich so stürmisch essen zu sehen. Die denken sich dann: Und mit dem soll ich später Sex haben?« Ich hatte mir dabei nichts gedacht, aber nachdem ich soeben das Battle »Heiko vs. Salat« beobachten musste, wurde mir klar, dass mein Rendezvous im Bett wohl ziemlich wild sein musste.

Dabei hatte ich gar nicht vor, mit ihm zu schlafen. Heiko war das erste Date, das ich über die schwule Dating-App Grindr ausgemacht hatte, die vor allem dazu dient, schnellen Sex in unmittelbarer Umgebung zu finden. Aber schon in meinem Profiltext hatte ich klargemacht, dass ich nicht *diese* Art von Junge war. »Ich bin Romantiker und suche keine Sex-Dates!«, verkündete ich stolz. Die einzige »schnelle Sache«, die ich bevorzugte, waren Instant-Mikrowellen-Brownies.

Und nun machte Heiko natürlich dennoch ständig sexuelle Anspielungen. Egal, ob er – wie vorhin – andeutete, dass die meisten seiner Verabredungen im Beischlaf endeten, oder er mir vergewisserte, dass er seine beiden Katzen aufgrund meiner Katzenhaarallergie »später« auch einfach wegsperren könne – Heiko hatte meinen Profiltext offenbar so gründlich gelesen, wie ich sämtliche AGBs lese, bevor ich meine Rechte abtrete.

Heute wüsste ich es natürlich besser: Auf Grindr die wahre Liebe zu suchen ist in etwa so, als würde man sich bei einem Metzger höflich nach den »veganen Alternativen« erkundigen. Viel Glück! Aber auf meiner jugendlichen Mission, endlich jemanden zu finden, der mich so liebte, wie ich vorgab zu sein, wollte ich keine Methode unerprobt lassen.

Heiko war zwar ein bisschen offensiv in seinen Flirtversuchen, doch zur Sicherheit hatte ich gelogen und ein »Treffen mit einer Freundin« um 22 Uhr erfunden, zu dem ich keinesfalls zu spät kommen durfte. Heiko musste ja nicht wissen, dass diese »Freundin« Jessica Fletcher hieß, die Protagonistin einer Serie namens *Mord ist ihr Hobby* war und in ihrer Heimatgemeinde Cabot Cove Woche für Woche knifflige Mordfälle löste.

Nachdem er den Salat verschlungen hatte, widmete Heiko sich wieder seinem Projekt, mich von meinem Termin abzubringen und stattdessen in sein Bett zu kriegen. »Ach komm schon, nach 22 Uhr passieren doch die besten Sachen!«, sagte er augenzwinkernd, und mein Bauchgefühl gab mir zu verstehen, dass er damit nicht die Happy Hour und Cosmopolitans für 4,50 € meinte. »Ich muss dir doch noch meine geheime Vorliebe zeigen!«

Damit hatte Heiko ausgerechnet meinen Schwachpunkt erwischt. Ich liebe Geheimnisse! Weniges finde ich befriedigender, als das Vertrauen meiner Mitmenschen zu erlangen, so dass sie mir ihre intimsten Gedanken und Vorlieben offenbaren. Ich genieße es in vollen Zügen, wenn sie zu flüstern anfangen, verstohlen um sich blicken und dann Dinge wie »Okay, das verlässt niemals diesen Tisch ...« sagen. Das ist mein Signal, heimlich die Aufnahme-Funktion meines iPhones zu aktivieren.

Fetische finde ich noch faszinierender. Ich liebe es, wie die Leute ein Geheimnis aus ihren Präferenzen machen und dann absolut verrückt spielen, wenn jemand diese teilt.

Jahre zuvor hatte ich mit ein paar Freunden ein SM-Café besucht und mich in der Folterkammer von meinem Kumpel Martin ein bisschen auspeitschen lassen (beeindruckend, wie beiläufig ich diese wilde Geschichte erzähle, oder?). Obwohl ich diese Aktion eher schmerzhaft als prickelnd fand, sah ich, nachdem ich meine Augenbinde abnahm, dass die vorher noch leere Folterkammer nun mit begeisterten Beobachtern gefüllt war, die mich betrachteten, als wäre ich das Größte seit der Erfindung der Bratkartoffel. Nichts liebe ich mehr als ein dankbares Publikum! Ohne sonderlich viel geleistet zu haben – ich hing (im wahrsten Sinne des Wortes) doch nur ein bisschen rum –, war ich für einen Abend der absolute Superstar im SM-Café und erhielt im Laufe der Nacht etliche fragwürdige Angebote, die ich mit starkem ungarischem Akzent und der Erklärung, dass mein Zug zurück nach Győr bereits früh am nächsten Morgen ging, ablehnte.

Wie dem auch sei! Spätestens seitdem faszinieren mich Fetische ohne Ende und ich bin ziemlich gut darin, die geheimen

Vorlieben meiner Freunde zu erraten. In dieser Hinsicht bin ich wie ein Orakel: Spendiert mir einen Cocktail und ich verrate euch euren Fetisch. Ich liege fast immer richtig. Es sind zum Beispiel immer die Menschen, die erfolgreich im Beruf sind und in vielen Aspekten des Lebens brillieren, die im Bett gerne so behandelt werden, wie Naomi Campbell ihre Putzfrau behandelt.

Aber was war Heikos »geheime Vorliebe«? Ich kannte ihn noch zu wenig, um ihn gut deuten zu können. Augenblicklich fing ich an, ihn mit Fragen zu löchern. Nein, nicht mit subtilen Fragen zu seiner Person, die mich zur Wahrheit leiten würden, sondern mit viel zu intimen Fragen, die ich in einer völlig manischen Runde »Böser Cop, böser Cop!« einfach so rausballerte.

»Was ist es? Bondage? Zungenküsse? Schuhe? Blinzle zweimal, wenn ich richtigliege. Sind es Rollenspiele? Outdoor-Sex? Zwillinge?«

Ich kannte überraschend viele sexuelle Vorlieben dafür, dass mein einziger Fetisch war, wenn ein Mann über meine Tweets lacht.

»Luftballons? Mais? Briefpapier?« Zugegeben, die letzten paar hatte ich mir selbst ausgedacht und Heiko hatte kein einziges Mal geblinzelt. »Nein, nein, nein«, sagte er und grinste selbstsicher, »wenn du das wissen willst, musst du schon mitkommen und es selbst herausfinden.«

Ich fiel keine Sekunde lang auf sein Psycho-Spielchen rein. Heiko betrieb doch einfach nur das Dating-Äquivalent des QVC-Tricks, zu behaupten, dass von dem edlen Perlenarmband »Floretta« nur noch vier Stück verfügbar waren und man daher schnell zuschlagen musste. Darauf musste ich mich nicht einlassen. Also setzte ich mein Pokerface auf. Immerhin war es bereits kurz vor zehn. »Nun, dann werde ich es wohl nie erfahren!«, sagte ich, beglich meine Rechnung und verschwand zu meinem Termin mit der weltweit gefeierten Kriminalautorin Jessica Beatrice Fletcher. Zu Hause angekommen, war die Tür kaum ins Schloss gefallen, als ich schon an meinem Laptop saß und Heiko im Internet stalkte, auf der Suche nach einem möglichen Indiz für seine geheime Vorliebe.

Leider stieß ich bei meiner Suche auf keinerlei Anhaltspunkte. Meine Recherche ergab jedoch, dass Heiko ein erfolgreicher Geschäftsmann war, der nach außen äußerst seriös wirkte. Ein seriöser Businessmann mit einer dunklen, geheimen Vorliebe? Ruft einen Notarzt, ich hyperventiliere!

Zu diesem Zeitpunkt dominierte *Fifty Shades of Grey* gerade die Bestsellerlisten dieser Welt. Wenngleich ich persönlich es schon für »unerhört sexy« hielt, wenn ein Mann mich während des Küssens am Rücken berührte, fand ich die Vorstellung eines düsteren Typen mit einem dunklen Geheimnis natürlich wahnsinnig aufregend. Die Parallelen zu der berühmten Geschichte entflammten meine Neugierde umso mehr.

Ob Heiko wohl megareich war und in seiner Wohnung ein geheimes Zimmer hatte? Wenn ich meine Karten richtig spielte und ein klein bisschen Hanky Panky über mich ergehen ließ, würde er mich dann mit seinem Helikopter zu Burger King fliegen, wann immer ich wollte? Ich begann, die Pros und Kontras einer Beziehung mit einem steinreichen SM-Liebhaber abzuwägen, und beschloss, dass ich über fast alle Marotten hinwegsehen konnte. Vielmehr störte mich eigentlich der Name *Heiko*.

Die Handlung nahm eine schockierende Wendung, als Heiko sich einige Tage nach unserem Date bei mir meldete.

»Ich denke an dich!«, schrieb er – ein offensichtlicher Versuch, zu flirten, den ich aber nicht als solchen erkannte.

»Ach so, warum das denn?«, antwortete ich völlig naiv. Vielleicht hatte er ja eine lustige Werbung im Fernsehen gesehen, in der ihn eine sprechende Klobürste an mich erinnerte.

Heiko redete nicht lange um den heißen Brei herum.

»Ich stelle mir vor, dass du in meinem Bett bist. Ich ziehe dich von hinten an den Haaren und beiße dich in den Nacken!!!«, erklärte er.

Oh.

Meine Luftschlösser zerplatzten: Wenngleich ich natürlich nach wie vor Heikos Geheimnis lüften wollte, wollte ich nicht unbedingt Teil seiner bissigen Aktionen werden, die mich auf beunruhigende Weise ein bisschen mehr an *Twilight* als an 50 *Shades of Grey* erinnerten. Würden wir im nächsten Schritt vor Werwölfen flüchten müssen?

»Ist das dein Fetisch? Beißen?«, hakte ich nach.

»Nein! Noch wilder!«

Heiko sein Geheimnis zu entlocken erwies sich als anstrengender als eine Runde Tetris mit der höchsten Schwierigkeitsstufe. Und hatte ich das richtig verstanden? Sein Fetisch war wilder, als den Partner während des Sex zu beißen? Alle Hinweise deuteten nun in Richtung »Fisting«. Um den größten lebenden Künstler unserer Zeit – Meat Loaf! – zu zitieren: I'd do anything for love (but I won't do that)!

Um ehrlich zu sein konnte ich mir eine Liaison mit Heiko ohnehin nicht wirklich vorstellen, da wir nur sehr wenige Gemeinsamkeiten hatten. Während Heiko mich unbedingt an den Haaren ziehen wollte, war ich doch bloß hinter seinem Geheimnis her, wie Gundel Gaukeley hinter Dagobert Ducks Glückstaler. Nicht unbedingt die besten Voraussetzungen für eine Bindung.

So beendete ich den Kontakt zu meinem ersten Grindr-Date

mit einem lieblosen »Okay, bis(s) bald mal vielleicht!«, und er rutschte in meiner Liste an Menschen, die mir nicht wirklich wichtig sind, noch mehrere Plätze hinter Arabella Kiesbauer. Monate vergingen und ich dachte längst nicht mehr an dieses Erlebnis, bis mir mein schwuler Kumpel Gerald von seiner bevorstehenden Verabredung erzählte.

»Heute Abend treffe ich einen Typen von Grindr. Er heißt Heiko!«, kündigte er beim gemeinsamen Kaffee in der Wiener Innenstadt an. Sofort läuteten meine Alarmglocken und ich konnte mich gerade noch davon abhalten, ihm meinen Espresso macchiato ins Gesicht zu prusten.

»Heiko? Hast du ein Bild von ihm???«, rief ich aufgeregt. Gerald war ganz aufgewühlt, weil ich zum ersten Mal Interesse an seinem verwirrenden Dating-Leben zeigte.

Er präsentierte mir ein Foto seines Dates, und natürlich war es *mein* Heiko; der Typ, der mich Monate zuvor mit einem Fetisch-Cliffhanger zurückgelassen hatte. Wehmütig dachte ich daran zurück, dass ich nie hinter sein Geheimnis gekommen war. Ähnlich wie meine TV-Heldin Jessica Fletcher hasse ich ungelöste Fälle. Meine Neugierde war erneut geweckt und ich hatte einen spontanen Geistesblitz.

»Uuuh, bei dem habe ich ein gutes Gefühl!«, sagte ich zu Gerald. »Du solltest mit ihm nach Hause gehen, Sex mit ihm haben und mir dann kurz danach sofort sagen, welche Vorlieben er im Bett hat! Du *musst* mir keine Fotos schicken, aber es wäre natürlich nett von dir.«

Gerald war sichtlich schockiert. Mittlerweile war ich ein bisschen zu interessiert an seinem Dating-Leben. «Ähm, nein, das werde ich sicherlich nicht machen. Was ist los mit dir?«

Ich beschloss, meinen Freund nicht hinters Licht zu führen,

und beichtete ihm mein Date mit Heiko. »Weißt du, Heikos geheimer Fetisch bleibt eines der größten ungelösten Rätsel meines Lebens, ähnlich wie die Frage, warum mich meine dicke Nachbarin nie zurückgrüßt ...«, erklärte ich abschließend, mein Blick nachdenklich in die Ferne gerichtet. Wie konnte ich nachts bloß schlafen, wo es doch da draußen noch so viele ungeklärte Fragen gab?

Geralds Gesicht hatte während meiner Erzählung eine wahre Achterbahnfahrt der Emotionen durchlebt. Von Ekel und Wut hatte es sich zu Verwunderung gewandelt und war schließlich bei Neugier angekommen. Er hatte eine beeindruckend ausdrucksstarke Mimik, und ich machte mir eine mentale Notiz, ihn ohne sein Wissen bei einer Model-Agentur anzumelden, nachdem wir mit dieser Mission durch waren.

In Gerald loderte mittlerweile die Neugier über das Geheimnis dieses Mannes. Gerald ist die Sorte Mensch, die ankündigt, für 10 Tage nach Indien zu reisen, und dann das nächste halbe Jahr nicht mehr von sich hören lässt, weil er sich in Mumbai ein neues Leben mit einem Mann namens Vihaan aufgebaut hat. Er war definitiv wild genug, um alles, was das Leben zu bieten hatte, mindestens einmal auszuprobieren. So gesehen half ich meinem wilden Freund also quasi, den perfekten Mann fürs Leben zu finden. Wie selbstlos von mir!

»Ich schlage vor, du gehst einfach mit Heiko nach Hause, findest seinen Fetisch heraus, und bevor etwas passiert, gehst du wieder, wenn du keine Lust darauf hast!«, gab ich Instruktionen, als wäre Gerald ein Prostituierter und ich sein Freier. »Ach ja, und bitte erwähne mit keinem Wort, dass wir uns kennen. Heiko darf nicht wissen, dass ich hinter dieser kleinen Scharade stecke!«, legte ich noch nach. Sehr zu meiner Verwunderung willigte er ein.

Ich freute mich, einmal mehr der Strippenzieher in diesem verrückten Puppenspiel, das wir »Leben« nennen, sein zu können. »Na dann: Viel Spaß!«, sagte ich zu meinem Kumpel, als ich mich bei ihm verabschiedete. »Ruf mich an, wenn das Date vorbei ist!«

Sicher fragt ihr euch, ob ich denn absolut meschugge bin, weil ich einen Freund einfach guten Gewissens auf ein Date mit einer Person schicke, die nicht nur Salat, sondern offenbar auch Dates mit Vorliebe zerbeißt. Da ich Gerald aber meines Erachtens nach ausreichend über Heiko und all seine Eigenheiten informiert hatte und er sich alles andere als abgeneigt zeigte, machte ich mir keine allzu großen Sorgen.

Hätte ich wetten müssen, hätte ich darauf gesetzt, dass die beiden schon kurz nach dem Händeschütteln einen Abstecher ins SM-Café machen würden, wo sie über ihre liebsten Maulsperren plaudern könnten, während sie ein Linsen-Gericht aus einem Napf aßen (Ich scherze nicht, in diesem Café werden die Gerichte in Näpfen serviert, und ihr solltet alle mal vorbeischauen, wenn ihr in Wien seid).

Davon ausgehend, dass sie sich blendend verstehen würden, träumte ich bereits friedlich von einer Lasagne mit sieben verschiedenen Käsesorten, als ich von einem Anruf aus dem Schlaf gerissen wurde. Es war kurz vor Mitternacht und Gerald am Apparat. Die lauten Umgebungsgeräusche deuteten darauf hin, dass er sich auf offener Straße befand.

»Hallo? Gerald?«

»Michael«, keuchte er ins Telefon, als wäre er soeben einem Axtmörder entkommen, »ich verlasse gerade Heikos Wohnung. Ich kenne sein Geheimnis!«

Was war es? Fesseln? *Twilight*-Cosplay? Oder etwa wirklich Briefpapier?

Gerald machte es spannender als die Moderatoren bei *Deutschland sucht den Superstar!*

»Und???«, fragte ich ungeduldig. »Es sind ... Windeln«, seufzte Gerald resigniert.

Wie bitte? Hatte ich ihn richtig verstanden? Was für eine Enttäuschung!

»*Windeln?*«, fragte ich ungläubig.

»Jep. Windeln.«

»Was möchte er denn *damit* machen?«

Mein Instinkt sagte mir, dass die Antwort nicht »Auch trotz Blasenschwäche komfortable Trockenheit unterwegs genießen« lautete.

»Er möchte, dass ich sie anziehe und benutze«, half mir Gerald auf die Sprünge.

Und mit benutzen meinte er ...? Oh ...

Es herrschte mehrere Momente beschämte Stille zwischen uns. Der monatelange Spannungsaufbau und dann waren es *Windeln?* Nicht, dass das so unfassbar verwerflich ist, allerdings wäre ich trotz meiner vermeintlichen Fetisch-Expertise in tausend Jahren nicht darauf gekommen. Um ehrlich zu sein war ich ein bisschen enttäuscht, dass es statt einem »Roten Raum des Schmerzes« in Heikos Wohnung offenbar nur einen Wickelraum gab, in dem er seine Eroberungen in saugfähige Unterbekleidung hüllte.

»Und ... hast du sie ... benutzt?«, fragte ich schließlich vorsichtig.

»Nein, ich habe sie nicht benutzt!«, bellte Gerald hörbar aufgebracht. »Ich habe ihm gesagt, dass das nicht so mein Ding ist, und dann so getan, als hätte ich noch einen Termin, den ich nicht verpassen darf.«

Classic!

»Nun, danke, dass du für mich gelogen hast, Gerald!«, sagte ich dann. »Du weißt ja, was man sagt: Lügen besiegeln die Freundschaft!«

Zu diesem Zeitpunkt muss Gerald wohl durch einen Tunnel gefahren sein, weil ich dann nur noch ein »Klick«-Geräusch hörte, nach dem die Verbindung abbrach.

Aus diesem Komplott habe ich ein für alle Mal gelernt, dass die wenigsten Dinge so aufregend sind, wie man sie sich vorstellt, und dunkle Geheimnisse spätestens nach der großen Enthüllung ihren Glanz verlieren. Dennoch beschloss ich, das Glas halb voll zu sehen: Nach fünf Jahren Freundschaft hatte ich endlich etwas gefunden, was selbst meinem wilden Freund Gerald ein bisschen zu wild war.

In dieser Nacht machte sich ein wohlig warmes Gefühl in mir breit, wie ich es nur vom Ende sämtlicher Mord ist ihr Hobby-Folgen kenne, kurz bevor Angela Lansbury siegessicher lacht und dann zu einem Standbild erfriert. Die Wahrheit war endlich ans Licht gekommen, und das war so befriedigend, dass ich sogar behaupten würde, enthüllte Geheimnisse sind mein Fetisch. Ein weiterer Fall gelöst! Nun galt es nur noch zu klären, warum meine dicke Nachbarin mich nie zurückgrüßte.

Wo wohnst du eigentlich?

»Diese Wohnung ist ein regelrechtes Schmuckkästchen!«, sagte Frau Pöll – unsere Immobilienmaklerin – zu meinem Freund Dominik und mir, während sie uns durch eine ziemliche Bruchbude im 6. Wiener Bezirk führte. Nach den schäbigen Fußböden, der vergilbten Tapete und der fleckigen Badewanne hatte ich Sorge, auf dem Boden des nächsten Zimmers die Kreideumrisse einer Leiche vorzufinden. »Schmuck« war etwas anderes.

Frau Pöll hatte ja nicht wissen können, dass sie mit einem regelrechten Profi verhandelte. Da mein Vater ebenfalls in der Immobilienbranche tätig ist, war ich mit der trügerischen Geheimsprache der Immobilienmakler von klein auf bestens vertraut. Im Grunde genommen sind Immobilienmakler doch auch nur Lügner wie du und ich (aber hauptsächlich ich), die ständig versuchen, suboptimale Gegebenheiten schönzureden.

»Liebhaberobjekt« etwa bedeutete, dass eine Wohnung so hässlich war, dass man schon ein wahrer Liebhaber von Abnormem sein musste, um sie zu mögen. »Die perfekte Wohnung« wiederum hieß, dass es einen unfassbar strengen Vermieter gab, den man schriftlich um Erlaubnis bitten musste, wenn man auch nur eine Türklinke austauschen wollte. Und »Schmuckkästchen«? Wenn ich die Wohnung, durch die wir gerade spazierten, betrachtete, stand Schmuckkästchen für »klein, hässlich und ungerechtfertigt teuer«. Ehrlicher wäre es gewesen, das Objekt in der Annonce als »Der perfekte Ort für Ihre Geisel!« zu betiteln.

»Diese Wohnung ist ja tatsächlich sehr flippig«, kommentierte ich vorsichtig – unter Verwendung meines eigenen Code-Worts für »potthässlich«, »aber wie Sie wissen, arbeiten wir beide von zu Hause und suchen daher etwas Größeres ...« Außerdem wäre es ein Vorteil, die Wohnung würde nicht so aussehen wie ein »Vorher«-Fall bei *Einsatz in 4 Wänden*.

»Na ja, die Wohnung gefällt mir persönlich schon besser als die, die wir uns letzte Woche angesehen haben!«, warf Frau Pöll ein. Musste das sein? Ich hasse es, wenn Immobilienmakler ihren eigenen Geschmack in die Besichtigungen mit einfließen lassen. Ich bin mir ohnehin schon bei jeder Wohnung, die ich besichtige, äußerst unsicher. Das Letzte, was ich brauche, sind mehr Meinungen. »Wo wohnen Sie denn gerade, Herr Buchinger?«, wechselte Frau Pöll prompt das Thema, und zwar mit einer Frage, die ich in den vergangenen Jahren immer mit einer frechen Lüge beantwortet hatte.

»Im Moment wohne ich im 1. Bezirk!«, antwortete ich ehrlich.

»Oh ...«, entgegnete Frau Pöll. »Das ist doch sicher ... spannend, oder?«, fragte sie mit einem Code-Wort für »absolut irre« und der Voreingenommenheit, die der Grund war, warum ich sonst mit Vorliebe über meinen Wohnort log. Sie hatte schon recht: Im ersten Bezirk Wiens zu wohnen ist ein bisschen so, als würde man in Berlin direkt am Alexanderplatz wohnen oder in Erwägung ziehen, eine schnieke Wohnung am New Yorker Times Square zu beziehen. Von den horrenden Mietpreisen mal ganz abgesehen ist in dieser Gegend zu jeder Jahreszeit so viel los, dass man für den Heimweg am besten einen dieser Polizei-Knüppel und eine Entspannungs-App parat hat. Was für ein irrer Mensch würde bloß freiwillig an so einem Ort wohnen? Tja, ich.

Ich fange am besten ganz von vorne an, nämlich in meiner Kindheit. Diese habe ich in einer Gegend verbracht, die alles andere als »spannend« war. Müllendorf im Burgenland ist eine Gemeinde mit gerade mal 1400 Einwohnern. Hier begleitete ich meine Mutter regelmäßig zu Vorträgen wie »Nordic Walking – Gehen ist die beste Medizin!« oder amüsierte mich mit den Nachbarn darüber, dass die Abstimmung über den Abriss eines baufälligen Gebäudes mit exakt 256 zu 256 Stimmen ausgegangen war, was zur Folge hatte, dass das Haus heute noch steht. Typisch Müllendorf!

Wie es auf dem Land so üblich ist, hatten meine Eltern immer ein super Verhältnis zu unseren Nachbarn. Zum Beispiel zu Herrmann und Ute, dem älteren Wiener Ehepaar, das direkt neben unserem Grundstück ihr Ferienhaus hatte. Jeden Sonntag trafen sie sich mit meinen Eltern zum Saunagang, und es kam mir nie komisch vor, dass die Leute von nebenan nackt in unserem Haus ihre Runden drehten. »Das ist es also, was Nachbarn gemeinsam tun!«, notierte ich mir, für den noch in ferner Zukunft liegenden Tag, an dem ich von zu Hause ausziehen würde.

Andere Nachbarn kamen unregelmäßiger vorbei und behielten für gewöhnlich ihre Kleidung an: Rosalinde, aus dem Haus von gegenüber, hatte einen jungen Kater namens Wolli und war für ihre liebenswürdige, aber exzentrische Art bekannt. »Also diese Rosalinde ist echt eine Nummer!«, sagte meine Mutter nicht selten. »Heute Morgen habe ich sie gesehen, wie sie an unserem Badezimmerfenster vorbeigeschlichen ist.«

Hatte sie vielleicht von den nackten Vergnügungen in unserem Haus gehört und wollte Teil der Action sein? Fehlanzeige: »Als ich sie konfrontierte, meinte sie, sie würde heute alles machen, was Wolli auch macht«, erklärte Mama. »Ist es zu fassen?«

Nachbarschafts-Plaudertasche Frida – ein weiterer gern gesehener Gast im Hause Buchinger – berichtete uns, dass Rosalinde später gesichtet worden sei, als sie gemeinsam mit Wolli auf dem Rasen einer anderen Familie lag und tief und fest schlief. Das sorgte für kurzfristige Aufregung in unserer Straße, da die Besitzerin des Grundstücks dachte, eine Leiche liege in ihrem Vorgarten. Alles nur ein Irrtum: »Der Kater war müde und Rosalinde auch«, erklärte Frida, und ich konnte es nur zu gut verstehen: Immerhin hatten die beiden einen aufregenden Tag miteinander verbracht.

Zwischen sonntäglichen Saunagängen, Katzen-Beschattungen und Nachbarschafts-Tratsch wurde mir schon in frühester Kindheit klar: Nachbarn waren wie erweiterte Familie, und auch wenn man sie manchmal ein bisschen anstrengend fand, musste man sie einfach lieben. Diesen Gedanken hatte ich im Hinterkopf, als ich in meine erste eigene Wohnung in Wien zog.

An dieser Stelle muss ich gestehen, dass es für mich nicht einfacher hätte sein können, ein Zuhause in Wien zu finden: Mein Vater – ihr erinnert euch, er ist selbst Immobilienmakler – hatte mir angeboten, nicht nur die Wohnungssuche, sondern auch die Bezahlung der Miete für mich zu übernehmen, um mir in den ersten Jahren ein bisschen unter die Arme zu greifen.

Ich weiß, ich weiß: Wie unsympathisch! In meinen Augen war Erwachsenwerden easy peasy lemon squeezy: Man ließ sich einfach von seinen Eltern das Leben finanzieren, schneite ab und zu mal in einer Uni-Vorlesung vorbei und machte nebenbei so lange YouTube-Videos, bis einem Geld dafür angeboten wurde. Klassisches Studentenleben, oder nicht?!

Zurück zum Thema: Binnen kürzester Zeit hatte ich einige Angebote auf dem Tisch und es waren keine anstrengenden Massenbesichtigungen notwendig. »Sag einfach, welche Wohnung dir am besten gefällt, wir sehen sie uns an, und wenn sie passt, mieten wir sie!«, erklärte mein Vater, als wäre ich lediglich auf der Suche nach einem bequemen Paar Schuhe und nicht nach meinem Zuhause für die nächsten Jahre. Völlig überfordert von diesem Angebot und ob meines spätpubertären Alters noch ein bisschen geschmacksverwirrt, fiel meine Entscheidung schon bald auf eine Hutschachtel-große Wohnung in einer kleinen Gasse im 1. Bezirk Wiens, nahe dem Stephansdom. »Das wird absolut fantastisch, und ich kann mir nicht vorstellen, was an dieser Lage nicht ideal sein sollte!«, jubelte ich in meiner jugendlichen Naivität.

Inzwischen bin ich natürlich schon ein bisschen weiser: Diese Wohnung zu nehmen war in etwa so, als würde man in Paris ein Pied-à-terre am Fuße des Eiffelturms beziehen. Viel Glück dabei, eine Tasse Kaffee unter 3,50 € zu finden oder dein Haus zu verlassen, ohne von unzähligen, als Mozart verkleideten Männern angequatscht zu werden, die wissen möchten, ob du eine »authentische Oper« sehen möchtest.

Ich sollte auch erwähnen, dass ich meine neue Wohnsituation anfangs absolut fantastisch fand und jede Sekunde davon genoss. »Ja, sehr gerne, Wolfgang Amadeus, ich möchte eine authentische Oper sehen!«, trällerte ich höflich, bevor ich monatlich etwa 100 € für Kaffee ausgab und mich dabei unglaublich weltgewandt fühlte.

»Das ist ja schön und gut, Michael!«, sagt ihr euch vielleicht, während ihr mit den Augen rollt. »Aber was genau hat das mit dem Lügen zu tun?« Danke für diese kritische und sehr aufmerk-

119

same Frage, liebe Leserinnen und Leser! Lasst mich noch kurz ein bisschen über meine Nachbarn lästern, bevor wir zur eigentlichen Lüge in diesem Kapitel kommen.

Ich liebte in den ersten Jahren absolut alles an meiner neuen Adresse und nichts konnte meinen Enthusiasmus bremsen, nicht einmal die Tatsache, dass meine neuen Nachbarn keineswegs so offen waren, wie ich gewöhnt war.

Da die meisten Bewohner des Hauses im Alter meiner Großeltern und relativ wohlhabend waren, hatte ich nicht viel mit ihnen gemein. Regelmäßig nahm ich Gegenstände, die andere Bewohner nicht mehr gebrauchen konnten, quietschfidel mit in meine Wohnung. Wie sagt man so schön: Des einen »alter, schäbiger Sessel« ist des anderen »gemütlicher Fauteuil im Vintage-Look«. Besonders angetan war ich von der eleganten Diva aus dem zweiten Stock, die den meisten ÖsterreicherInnen aus Funk und Fernsehen bekannt sein dürfte. Nennen wir sie Trude! Sobald ich Wind davon bekam, dass ich im selben Haus mit einer waschechten Berühmtheit wohnte, raste mein Herz bei jeder Begegnung mit Trude so schnell, als wäre ich gerade einem mit Red Bull gefülltem Whirlpool entstiegen.

Wenn ich meine Karten richtig spielte, so könnte Trude schon bald meine Mentorin in Sachen Ruhm und Showbiz werden. Bestimmt würden wir uns blendend verstehen und die Sorte Freundschaft pflegen, die andere nicht verstehen konnten. »Aber zwischen Michi und Trude liegen doch 40 Jahre Altersunterschied!«, würden sie munkeln, aber das wäre Trude und mir egal, solange wir einander – und die goldenen Freundschaftsringe, die ich für uns besorgen würde – hatten.

»Wir haben uns auf Anhieb bis ins Innerste erkannt«, würde ich der Menge an Trauernden Jahre später während meiner Grabrede auf Trudes Beerdigung über diese ungewöhnliche Freundschaft berichten, während eine Träne an meinem mittlerweile bis in die Unkenntlichkeit gelifteten Gesicht runterkullerte.

Muss ich überhaupt erwähnen, dass es nie zu einer Freundschaft zwischen uns kam? Trude hatte mich nicht auf Anhieb erkannt, vor allem deswegen, weil ich nie bei ihr vorbeikam. Fünf Jahre lang begegnete ich ihr im Flur und grüßte höflich, wie ich das zu Hause gelernt hatte, doch bekam nie eine Antwort oder auch nur ein Lächeln geschenkt. Schon bald hielt ich es für wahrscheinlicher *Austria's Next Topmodel* zu werden, als je Grußworte von Trude zu hören.

Unangenehmer wurde es nur noch, als ich später zu Medien-Events in Wien eingeladen wurde, auf denen natürlich auch Trude – die bekannt dafür war, sich selbst die Eröffnung eines Briefumschlags unter keinen Umständen entgehen zu lassen – anwesend war. Vielleicht würde sie mich ja zumindest außerhalb unseres Wohnhauses zurückgrüßen, nun, da sie sah, dass wir ab und an sogar in ähnlichen Kreisen verkehrten? Nein, Fehlanzeige: Auf mein »Hallo!« starrte sie auch auf eleganten Galas über mich hinweg, als wäre ich nur ein Flüstern im Wind, das sie in der Ferne wahrgenommen hatte.

»Egal!«, sagte ich mir. »Dann will die berühmte alte Lady eben nicht dein Freund sein. In diesem Haus gibt es doch noch unzählige andere tolle Menschen, die zu deinen Bezugspersonen werden könnten!«

Schon besser klappten meine Annäherungsversuche bei dem mittelalten Paar von nebenan, das ständig lautere und wildere Partys schmiss als ich selbst. Regelmäßig konnte ich sie durch die dünnen Wände erst beim Streit und dann beim Versöhnungssex hören. Besonders toll fand ich Claudia, die Gattin, die mich einmal in ihre Wohnung lockte, um mir zu zeigen, womit sie den Großteil ihrer Tage verbrachte. »Das ...«, leitete sie ein und pausierte dramatisch, während sie die Tür zu einem kleinen Raum öffnete, »... ist mein Web-Zimmer!«

Meine Augen weiteten sich, als ich den riesigen Webstuhl und die vielen bunten Fäden, die darin eingespannt waren, sah. Dieser Raum schrie förmlich: »Das ist mein Versuch, meine Scheidung noch ein bisschen hinauszuzögern!« Ich konnte kaum fassen, dass ich eine Person kannte, die in ihrer Freizeit webte. Wie dekadent! »Im Moment fokussiere ich mich hauptsächlich auf Jacht-Pullover ...«, erklärte Claudia mir.

»Oh? Was ist denn ein Jacht-Pullover?«, wollte ich wissen. Claudia sah mich an, als hätte ich sie soeben gefragt, ob Dom Pérignon so was Ähnliches wie der Stephansdom sei. »Das sind Pullover, die man auf einer Jacht trägt, Michael«, klärte sie mich auf. Wie töricht von mir! Für eine Sekunde hatte ich doch tatsächlich gedacht, auf einer Jacht dürfe man normale Pullover tragen.

Wenig später fand ich mich schließlich im Aufzug neben einem alten Mann wieder, der mir eine Menge Komplimente für meinen roten Hut machte, den er mich ein paar Tage zuvor hätte tragen sehen. Ich wies ihn höflich darauf hin, dass ich nie Hüte tragen würde – geschweige denn rote –, doch er beharrte auf seiner Version: »Sie haben ganz sicher einen Hut getragen! Einen roten!« Aus Angst, eine Diskussion über die Existenz meines roten Hutes könnte zu einem Schlaganfall führen, fügte ich mich: »Ach, Sie meinen den roten Hut! Ja, das war wohl ich! Schönen Tag noch.«

Ja, das waren meine neuen Nachbarn. Mit welchen von ihnen ich wohl als Erstes gemeinsam in die Sauna gehen würde?

Mit Vorliebe erzählte ich auch an der Uni diese und weitere

heitere Geschichten aus meinem Wohnhaus. Auf die unvermeidliche Frage, wie ich mir die Miete leisten könne, antwortete ich immer mit der Wahrheit: Gar nicht, aber zum Glück erhalte ich dabei Unterstützung. Zu diesem Zeitpunkt kam mir nicht in den Sinn, dass alles, was aus meinem Mund kam, so irrsinnig großkotzig und unsympathisch klang, als würde ich mich an einem Paris-Hilton-Cosplay probieren. Wäre ich heute mit meinem damaligen Ich an der Uni, könnte ich es kaum erwarten, mich nach der Vorlesung in einer dunklen Gasse zu verprügeln.

Schon bald merkte ich, dass meine Mitstudenten die Leichtigkeit, mit der ich durch das Leben tanzte, ein wenig aggressiv machte. Einmal, nachdem ich erzählt hatte, dass Nachbarin Trude mich noch immer nicht zu ihrem Weihnachts-Cocktail eingeladen hatte, obwohl doch bereits Ende November war, meldete sich ein Kommilitone mit einer ähnlichen Anekdote zu Wort: »Gestern hat wieder jemand in den Flur des Studentenheims gekackt. Und das Problem ist, dass niemand es wegräumen will.«

Erst da kam mir allmählich in den Sinn, dass es vielleicht Menschen gab, die nur ungern meinem One-Man-Podcast »Michi erzählt heitere Geschichten aus seinem noblen Wohnhaus!« lauschten, und dass es womöglich ein bisschen unsensibel war, trotz meiner privilegierten Situation so oft und viel zu meckern, als würde ich in einem alten Kriegsbunker wohnen. Ich nahm mir vor, in Zukunft weniger zu jammern.

Dreimal dürft ihr raten, was ich fortan getan habe! Habt ihr auf »Lügen« getippt? Ding-ding-ding! Damit liegt ihr goldrichtig. Neuen Bekanntschaften verschwieg ich, dass ich in etwa so sorgenfrei lebte wie Julia Roberts in *Pretty Woman*, nachdem sie Richard Gere kennengelernt hat. Wo ich einst noch transparent mit der finanziellen Unterstützung von zu Hause umgegangen war, leugnete ich diese nun, da ich nicht wollte, dass sich meine Gesprächspartner unwohl fühlten oder gar anfingen, mich zu verabscheuen, weil mir die Schwierigkeiten des »echten Studentenlebens« unbekannt waren. Ich finde es auch immer ein bisschen anstrengend, wenn sich wunderschöne Menschen darüber beklagen, dass sie »immer nur auf ihr Äußeres reduziert« und deswegen besser behandelt werden. *Klingt ja wirklich fürchterlich, Laura!*

Mit den Worten »Die Miete zahlt sich schließlich nicht von selbst!« nahm ich daher an vereinzelten Wochenenden sogar miese Studentenjobs an, obwohl sich meine Miete mehr oder weniger wirklich von selbst bezahlte. Leider hatte ich nicht bedacht, dass das Verschweigen meines Sponsors Rätsel aufwerfen würde, sobald meine Uni-Freunde Wind davon bekamen, dass ich in 1010-Wien wohnte. »Wirklich, dort wohnst du?«, fragte mich meine Bekannte Sophie schockiert. »Wie viel Miete zahlst du? Ist das nicht teuer? Wie kannst du dir das leisten? Wie viele Jobs hast du bitte?«, bombardierte sie mich mit Fragen, als würde sie neben dem Studium beim Finanzamt arbeiten.

Lektion gelernt: Die Wahrheit tat in diesem Fall wirklich niemandem gut. Ich beschloss, nicht nur die finanzielle Unterstützung, sondern auch meinen echten Wohnort an der Uni einfach komplett zu verschweigen, und hatte somit – und da wären wir bei der großen Unwahrheit in diesem Kapitel angekommen – eine der aufwendigsten Lügen meines frühen Erwachsenenlebens erschaffen.

Ich begann, auf die unvermeidliche Frage »Wo wohnst du denn?« sehr vage mit »Meine Nationalität ist MENSCH!« zu antworten. Wurde nachgehakt, so nannte ich wahllos beliebige Bezirke Wiens und führte in meinem jugendlichen Leichtsinn leider nie Buch darüber, wem ich welchen Wohnort verkauft hatte.

So saß in manchen Vorlesungen links von mir eine Person, die dachte, dass ich im 3. Bezirk wohnte, während ich der Person rechts von mir von meiner Wohnung im 8. Bezirk erzählt hatte. Unnötig verwirrend, ich weiß! Nach meiner damaligen Logik waren Kommilitonen wie Cousins und Cousinen zweiten Grades: Klar, ich mochte manche von ihnen sehr gern und wir schäkerten oft miteinander, aber wie standen die Chancen, dass ich außerhalb der Uni je was mit ihnen unternehmen oder sie gar zu mir nach Hause einladen würde? Ich sah überhaupt kein Problem darin, diesen Leuten ein großes Kapitel meines Lebens einfach zu verschweigen.

Nur meine engsten Freunde wussten, wo ich wirklich wohnte. Wie so oft, wenn ich lüge, hatte ich die Flunkereien an der Uni als »einmalige Notlügen« verbucht und nicht bedacht, dass ich fortan immer eine gute Ausrede parat haben musste, warum Lern-Treffen nicht bei mir stattfinden konnten (»Wasserrohrbruch! Ja, *schon wieder!*«) oder ich nach Ende vieler Vorlesungen die Innenstadt ansteuerte (»Ach, am Stephansplatz gibt es einfach die besten Theatertickets!«).

Doch nachdem ich beschlossen hatte, fortan über meinen Wohnort zu lügen, wurde es in unserem Haus erst so richtig wild. Oft hätte ich meinen Kommilitonen am Montagmorgen nur zu gerne von den eigenartigen Erlebnissen mit meinen exzentrischen Nachbarn erzählt. Angelika aus dem vierten Stock – die Gattin des Herrn, der meine verrückten Hüte so liebte – stand zum Beispiel eines Tages vor meiner Wohnungstür und schlug mir vor, doch später zu ihrem Geburtstagsfest zu kommen. »Das wird bestimmt eine Gaudi!«, sagte sie frech und drückte mir ein Stück Marzipan in die Hand, was – wie wir alle wissen – in der Welt der alten Leute »Ich mag dich!« bedeutet. Da ich an diesem Abend die Wahl zwischen der Feier und einem einsamen Glas Rotwein hatte, sagte ich zu.

Als ich Fuß in das liebevoll dekorierte Wohnzimmer meiner Nachbarin setzte, bereute ich meine Entscheidung sofort. Selten hatte ich eine so festlich geschmückte Geburtstagstafel gesehen; gigantische Blumensträuße in antiken Kristallvasen zierten den Tisch, der mit Festtagsporzellan und aufwendig gestalteten Serviettenkunstwerken gedeckt war, der süßliche Geruch von hausgemachten warmen Mehlspeisen lag in der Luft. Einmal mehr kam ich mir vor wie Audrey Hepburn in *My Fair Lady*. Bestimmt würde ich unfeiner Junge vom Land im Laufe des Abends unabsichtlich eine Kerze essen und mich dann mit »Oh, ich dachte, es wäre ein Bonbon!« rechtfertigen müssen.

Auf den ersten Blick schienen sämtliche Bewohner des Hauses – außer Trude, *surprise, surprise* – der Einladung der eleganten Dame nachgekommen zu sein. Angelika war eine äußerst nette und zuvorkommende, wenngleich etwas übertrieben euphorische Gastgeberin. Sie wirkte wie der Typ Frau besten Alters, der eine krankhaft große Anzahl an Porzellanpuppen hortet, ihnen Namen wie »Miss Buttonwood« gibt und sie wehmütig als »meine Kinder« bezeichnet. Doch da sie mir gleich nach meinem Eintreten Wein anbot, war sie mir sofort sympathisch.

Dies war – wie ich mir ständig in Erinnerung rief – meine einzige Gelegenheit, einen guten Eindruck bei der versammelten Nachbarschaft zu machen. Also bemühte ich mich, wie »der höfliche Junge von nebenan, der köstliche Anekdoten auf Lager hat« und nicht wie »der Alkoholiker, der gerne rote Hüte trägt und sich ständig am Fenster entblößt« rüberzukommen. Muss ich überhaupt erwähnen, dass ich diese Maskerade nicht sehr lange aufrechterhalten konnte? Das Unglück nahm seinen Lauf, als Angelika Zettel mit dem Text von *Es lebe der Zentralfriedhof* austeilte und sich voller Tatendrang ans Piano setzte: »Jetzt wird gesungen!« Schlimmer hätte es mich nicht treffen können.

Ich möchte an dieser Stelle anmerken, dass aus bestimmten Gründen, auf die hier nicht näher eingegangen werden soll, in meiner Familie ein ungeschriebenes Gesetz herrscht, dass öffentlicher Gesang tunlichst zu vermeiden ist. Wir können zwar nicht gut singen, doch dafür sind wir ausgezeichnete Lügner: An Weihnachten mag es zwar für das bloße Auge so aussehen, als würden wir alle brav mit dem Rest der Großverwandtschaft *Stille Nacht* singen, doch wer genau hinsieht, erkennt, dass jeder einzelne Buchinger einfach nur den Mund synchron zum Gesang der anderen bewegt.

So war auch mein Plan für den Abend: »Wenn Britney Spears eine ganze Welttournee nur mit Playback hinter sich bringen konnte, schaffe ich das locker auch bei einer Runde Ambros inmitten einer Horde lebendiger Fossilien«, sagte ich mir und bereitete mich darauf vor, die beste Performance meines Lebens hinzulegen.

Der Großteil meiner Nachbarn war hingegen bereits richtig aufgeregt ob des gleich anstehenden musikalischen Gemeinschaftswerks! Alte Leute lieben so was, genauso wie sie Dörrpflaumen und Samstagabend-Shows lieben. Alle zusammen begannen sie, die erste Strophe des schwungvollen Songs zu trällern, und ich tat zumindest so, als würde ich mit einstimmen. Ich benutzte sogar meinen Zeigefinger, um dem Text zu folgen, und schnipste in ausgewählten Momenten, um Spaß vorzutäuschen. Gerade war ich dabei, meiner Performance mit Jazz-Hands das gewisse Extra zu verleihen, als auf abrupte Weise die Musik stoppte. Alles wurde still, und ich bemerkte Angelika, die mich entgeistert anstarrte, als hätte ich gerade eine ihrer Porzellanpuppen zerschmettert.

»Michael«, fragte sie, »singst du überhaupt mit?« Wenngleich mich die meisten Bewohner des Hauses zuvor nicht wirklich gekannt hatten, hatten sie nun alle eine Vorstellung von meiner Person. Ich war der Zentralfriedhofs-Lügner. Schlimmer als der Grinch! Wie konnte ich nur?

Alle Augen waren auf mich gerichtet und sie bestraften mich mit abgrundtiefer Verachtung. Selbst meine Freundin Claudia legte schockiert eine Hand auf ihren – ohne Zweifel selbst gewebten – Pullover. Ich entschuldigte mich schüchtern und gestand stotternd, dass ich leider nicht sehr gerne in der Öffentlichkeit sänge. Angelika wirkte enttäuscht – ich hatte mich nicht nur als schwarzes Schaf, sondern auch als absolute Spaßbremse entpuppt. »Na gut«, war alles, was sie sagte. Die Blicke der übrigen Anwesenden sprachen Bände. Auf einmal herrschte allgemeine Aufbruchsstimmung, der freche Junge aus Stockwerk 5 hatte den Abend ruiniert und außerdem wollte man ja nicht die Nachrichten verpassen ...

Das wäre die perfekte Geschichte für die Kaffeepause mit meinen Studienkollegen gewesen, oder? Ich kann mir nur ausmalen, wie viele Sympathiepunkte mir dieser kleine Schwank aus meinem Leben über meine musikalische Lüge auf Angelikas Party eingeheimst hätte. Aber da ich meine Uni-Freunde *ebenfalls* in eine Lüge verstrickt hatte, konnte ich nun, nach mittlerweile drei Jahren, nur unschwer mit der Wahrheit antanzen. Dieser Abend war aber ohnehin der Anfang vom Ende meiner Zeit in diesem noblen Wohnhaus gewesen. Wenn ich nach diesem Vorfall abends in meiner Wohnung saß, hörte ich aus der Wohnung unter mir immer wieder schrilles und lebensfrohes, gemeinsames Gelächter ertönen. Binnen kürzester Zeit war es mir gelungen, auch in meinem eigenen Wohnhaus zum absoluten Außenseiter zu werden.

Jahr für Jahr ging es danach steil bergab in der kleinen Gasse inmitten Wiens: Die Ansiedlung unzähliger Büros in unserem Wohnhaus führte dazu, dass die Eingangstür fast durchgehend offen stand und die Lobby schon bald regelmäßig ein Sammelsurium an Tauben, Obdachlosen und sogar vereinzelten hartnäckigen Trude-Fans beherbergte. Ein Nachbar nach dem anderen zog aus dem Haus aus.

Als Claudia und ihr Mann sich schließlich scheiden ließen (eine Entwicklung, die absolut niemanden überraschte) und beide aus dem Haus auszogen, waren auch meine Tage dort gezählt. Der berühmte Wiener Grant hatte mich – einen bis dato unheimlich freundlichen Jungen vom Land – indes infiziert, als wäre er die Pest. Es fiel mir schwer, mich durch die Touristenmassen in meiner Gasse zu manövrieren, ohne die langsameren Passanten mit erhobener Faust anzubrüllen. Einmal war ich so reizüberflutet, dass ich einer Touristin, die mich einfach nur nett nach dem Weg fragte, mit einem grimmigen »I don't want to talk to anyone!« antwortete.

Meine Entscheidung war gefallen: Es war mir ein Vergnügen, aber ich muss dringend weg von hier. Jede gute Lüge muss irgendwann enden, und fast mehr noch als über den Umzug freute ich mich darüber, dieses verworrene Netz an Immobilien-Lügen, das ich da im Studium gesponnen hatte, endlich hinter mir lassen zu können.

»... und hier haben wir noch ein kleines, verfliestes Zimmer«, sagte Frau Pöll abschließend. »Ich weiß nicht genau, wie der Vormieter es genutzt hat. Vielleicht als Steam Room?«, mutmaßte sie. Oh ja, das war genau das, was ich in einer schmuddeligen 70-Quadratmeter-Wohnung ohne Küche gebrauchen konnte: einen Steam Room. Plötzlich erschien mir Claudias Web-Zimmer gar nicht mehr so extravagant.

»Hmm, ich glaube, diese Wohnung entspricht nicht ganz unserem Geschmack«, antwortete ich, in einem Versuch, so ehrlich und gleichzeitig so höflich wie möglich zu sein. »Am besten, wir hören uns wieder, wenn Sie etwas Größeres für uns gefunden haben!«

Die Wohnungssuche in Wien ist heute definitiv nicht so einfach wie damals, als ich nach einer 15-minütigen Besichtigung laut »ICH NEHME SIE!« schrie und kurze Zeit später in meine erste Wohnung zog, für die ich zu Beginn keinen Cent auf den Tisch legen musste.

In einer Anwandlung einer »Ich bin ein erwachsener Mann und kann ganz alleine alles schaffen, was ich mir vornehme!«-Attitüde hatte ich nämlich beschlossen, die Wohnungssuche erst mal ohne die Hilfe meines Vaters zu versuchen, und wünschte mir bereits nach der dritten Besichtigung – ähnlich wie bei vielen anderen Desastern meines Lebens –, meine Eltern würden einfach einschreiten und die Sache für mich richten.

Mittlerweile bin ich also vorsichtiger geworden. Ich mache unzählige Fotos und Videos von besichtigten Wohnungen und stelle anstrengend viele Fragen: Wie sind die Nachbarn? Gibt es Touristen-Hotspots in der Nähe? Wohnen hier irgendwelche Berühmtheiten? Werden regelmäßig Feste veranstaltet, die ich allein durch meine Anwesenheit ruinieren könnte? Man kann nie vorsichtig genug sein.

Ach ja, und liebe ehemalige Studienkollegen, falls ihr diese Zeilen lest: Es tut mir leid, dass ich euch all die Jahre belogen habe. Ich habe tatsächlich unterschätzt, wie sehr man sich im Rahmen eines Studiums ans Herz wachsen kann, und diese Lüge oft bereut. Als kleine Wiedergutmachung lade ich euch an dieser Stelle gerne in meine neue Wohnung – sollte ich je eine finden – ein. Dort werde ich euch viele (wahre!) Geschichten über meine Nachbarn erzählen, frisch gebackene Kekse servieren und euch definitiv nicht zwingen, zu singen. Und wenn ihr Lust habt, können wir abschließend noch gemeinsam in die Sauna (oder den Steam Room!) gehen. Das wird eine Gaudi!

Meine erste »Beziehung«

Ich hörte, vierzehnjährig und auf dem Schulweg, gerade Madonna auf meinem Taschenrechner-großen iPod, als ich einige Meter hinter mir einen Jungen freundlich meinen Namen rufen hörte. Ich war perplex: Natürlich hatte ich zuvor schon andere Jungen meinen Namen rufen hören, nur wurde das zumeist von bunten Beleidigungen wie »Schwuchtel« oder aber diversen Wurfgeschossen begleitet. Doch heute rief ein Junge freundlich nach mir. Was kam als Nächstes – eine Freundschaft zwischen Lady Gaga und Madonna?

Ich drehte mich um und erkannte Thomas Thaler, einen Jungen aus meiner Klasse. Mit seinem sportlichen Körperbau und selbstsicheren Grinsen war er einer der beliebteren Schüler an der katholischen Privatschule, die wir beide besuchten, und somit das genaue Gegenteil von mir. Wochen zuvor hatte ich noch ausgewählte Lehrer und Hausmeister dazu nötigen müssen, mein Freundschaftsbuch zu ergänzen.

»Ich habe gehört, dass du mit Conny zusammen bist!«, keuchte er, als er endlich bei mir angekommen war.

Scheiße. Ich wusste, dass so etwas passieren würde. Tage zuvor wurden Conny – eine meiner besten Freundinnen – und ich während des Lateinunterrichts von unserer Lehrerin ermahnt, weil wir zu laut miteinander gesprochen hatten. »Hey, Conny, Michi, was gibt es da zu bequasseln? Seid ihr etwa ein Liebespärchen?«, warf Frau Rott mit wilden Mutmaßungen um sich, wie ich es sonst nur von Promi-Experten aus dem Nachmittagsfernsehen kannte.

Ich verdrehte die Augen. Unfassbar! »Wenn Sie es genau wissen möchten: Ja, wir sind ein Paar!«, flunkerte ich also offensichtlich scherzend, da ich schon damals wusste, dass ich schwul war und mich in etwa so schillernd kleidete wie Elton John an Silvester. »Heute ist unser einwöchiges Jubiläum, und wir überlegen gerade, wie wir diesen magischen Meilenstein feiern könnten.« Ich ging davon aus, dass keiner in der Klasse diese Notlüge wirklich glauben würde, doch wenn ich Thomas' erwartungsvollen Blick richtig deutete, lag ich da wohl gänzlich falsch.

»Ja, das war nicht ganz die Wahrheit ...«, erklärte ich ihm kleinlaut.

»Was, du hast gelogen?«, fragte Thomas schockiert. »Die ganze Schule spricht schon darüber – wir finden das alle echt toll!«

»Wirklich?«, fragte ich, während mir das gigantische Ausmaß dieser Situation bewusst wurde. Ich erkannte die Möglichkeit, mir endlich den Respekt zu verschaffen, der mir all die Jahre lang verwehrt worden war. Als offensichtlich schwuler Junge an dieser Schule war es egal, wie gut meine Noten oder wie lustig meine Witze waren: Ich war schwul, also war ich in der sozialen Rangordnung sogar noch eine ganze Stufe unter dem Mädchen, das während des Weihnachtskonzerts hörbar laut gefurzt hatte.

»Ja, wir alle finden es super. Für eine kurze Zeit hatten wir gedacht, dass du schwul sein könntest!«, ergänzte Thomas.

»Schwul? ICH?«, wiederholte ich entsetzt und lachte übertrieben, während ich den laut aus meinen Kopfhörern dringenden Madonna-Hit »Vogue« hastig leiser schaltete. »Aber nein! Ich liebe Mädchen: Ihre Haare, ihre Brüste – einfach nur WOW!«, korrigierte ich ihn.

Kurz überlegte ich, übertrieben männlich auf den Boden zu spucken, verwarf die Idee aber. Ein guter Lügner weiß, wann es genug ist.

»Was heißt hier schon gelogen?«, sinnierte ich dann. »Conny und ich waren zu diesem Zeitpunkt noch nicht offiziell zusammen, aber das hat sich zum Glück geändert«, log ich wie gedruckt. Thomas nickte beruhigt. Einfach fantastisch, wie schnell sich Hetero-Jungs hinter das Licht führen ließen!

Eine Fake-Beziehung mit einem Mädchen war genau das, was ich brauchte, um mein mieses Image aufzupolieren. Nun galt es nur noch, Conny von unserer Liaison zu überzeugen.

»Ach komm schon, was hast du denn zu verlieren?«, fragte ich Conny später an diesem Tag in einem supergeheimen Lügen-Treffen hinter der lebensgroßen Statue der Jungfrau Maria, die den Pausenbereich unserer Schule schmückte. Obwohl uns unsere Lehrer oft genug an die Zehn Gebote erinnerten, hatte ich beschlossen, Gebot Nummer 8 – »Du sollst nicht lügen!« – gänzlich zu ignorieren und in den meisten Situationen des Alltags völlig gegenteilig zu handeln.

»Ich möchte aber keine Beziehung mit dir führen – ist dir in den Sinn gekommen, mich zu fragen, bevor du das beschließt?« Conny hatte recht: Es war mir tatsächlich nicht in den Sinn gekommen.

Deshalb beschloss ich, schnell den Gang zu wechseln: »Schau, es ist doch keine echte Beziehung«, erklärte ich ihr einfühlsam. »In zwei Wochen sind Sommerferien. Wir sagen einfach, dass wir zusammen sind, posten über den Sommer ein paar Updates über unser Liebesglück auf MySpace, und ehe die Ferien vorbei sind, trennen wir uns wieder!«

Gerne stelle ich mir vor, dass die Verhandlungen über den Ehevertrag zwischen Tom Cruise und Katie Holmes ähnlich abgelaufen sind.

Conny überlegte kurz. Eine neue Beziehung war genau das, was sie brauchte, um ihrem Ex-Freund eins auszuwischen. »Und pünktlich zum Ende des Sommers trennen wir uns wieder?«, fragte sie. Ich hatte sie an der Angel! Wir besiegelten unseren Pakt mit einem Handschlag, wie ich es nicht selten mit meinen Komplizen tat, wenn wir kurz davor standen, eine Lüge gigantischen Ausmaßes über die Bühne zu bringen.

Für die kommende Woche rutschte meine akademische Laufbahn etwas in den Hintergrund – nicht, dass sie je im Vordergrund gestanden hätte – und die Inszenierung einer völlig an den Haaren herbeigezogenen Beziehung, mitsamt ihren Höhen und Tiefen, wurde zu meinem wichtigsten Projekt. Ähnlich wie ein PR-Manager, der besessen davon war, seine Klienten regelmäßig in den Klatschspalten unterzubringen, war auch ich bemüht, die Gerüchte über unsere Beziehung zu streuen. Die Schwierigkeit bestand vor allem darin, die Spekulationen um unsere Beziehung weiter zu füttern, ohne direkt darüber zu sprechen. Es erschien mir billig, den Leuten einfach zu sagen, dass wir ein Paar waren, und so entschieden sich meine neue Flamme und ich dazu, eine Reihe subtiler Hinweise für unsere Mitmenschen so zu hinterlassen, wie Politiker wohltätige Dinge tun: Diskret und bescheiden, aber dennoch so, dass absolut jeder es mitbekommt.

Fortan bewahrte ich Fotos von Conny in meinem Portemonnaie auf und ließ dieses gut sichtbar und offen auf meinem Tisch liegen, was leider auch dazu führte, dass mir mehrere Scheine von jugendlichen Langfingern entwendet wurden. Egal, das war mir die Liebe wert!

Indes wurde es Connys größtes Hobby, all meine Fotos online – selbst die peinlichen (die eindeutig in der Mehrzahl waren) – mit zweideutigen Botschaften zu kommentieren, die allesamt so klangen, als hätte sie sie mir lieber per SMS schicken sollen. »Wow, tolles Outfit, Michi! War das an Karneval? Freue mich schon, wenn wir gemeinsam ins Kino gehen! xx« kommentierte sie etwa unter einem Foto, das definitiv nicht an Karneval entstanden war.

»Ich habe euch ja gesagt, dass die beiden ein Paar sind!«, hörte ich Thomas Thaler sagen, der langsam, aber sicher ein wichtiges Instrument in dieser Lüge geworden war.

Rückblickend betrachtet war es wohl unfassbar offensichtlich, dass zwischen Conny und mir in etwa so viel Anziehung bestand wie zwischen einer Kartoffel und einem Flugzeug. Der Versuch, meinen sozialen Rang in der Schule durch eine vorsichtig platzierte Lüge aufzuwerten, ging gänzlich nach hinten los. Ich hatte mir vorgestellt, dass schon bald Applaus ertönen würde, wenn ich einen Raum betrat, stattdessen fanden meine Klassenkameraden andere Attribute als meine Homosexualität, mit denen sie mich hänseln konnten. Mein exzentrischer Kleidungsstil fütterte Mutmaßungen, dass ich mir mit meiner Freundin Conny den Kleiderschrank teilte, und auch mein langsam, aber sicher wachsendes Übergewicht gab meinen Mitschülern einen Anlass zu performen, als wären sie Stand-up-Comedians während George W. Bushs Amtszeit (es war 2006, als wir noch dachten, George W. Bush wäre der schlimmste US-Präsident, den es je geben würde. Good times!).

Diese Lüge war ein echter Reinfall: Die Schüler mochten mich noch immer nicht, und ich musste jetzt auch noch so tun, als wäre ich hetero. Mittlerweile bekam ich das Gefühl, dass die wenigsten Conny und mir die Beziehung abkauften und ich in etwa so heterosexuell wirkte, als würde ich mit meiner Cousine auf den Abschlussball gehen.

Meine Mitschülerin Melina musste sich sichtlich das Lachen verkneifen, als ich erzählte, dass Conny und ich während einer Nachmittagsvorstellung von *Charlie und die Schokoladenfabrik* unseren ersten Kuss hatten, den ich in meiner Erzählung als »magisch« bezeichnet hatte. Schwuler hätte ich wohl nur klingen können, hätte ich gesagt, dass wir uns küssten, während wir in einer Theatervorführung der »Rocky Horror Picture Show« beide den Time Warp tanzten.

»Aber wenn ihr euch so sehr liebt«, fragte Melina, während sie sich ihre Brezel vor den Mund hielt, um mir nicht allzu offensichtlich ins Gesicht zu lachen, »warum küsst ihr euch dann nur im Kino und nicht in der Schule?«

Diese Kleinigkeiten hatte ich in der Tat nicht zur Genüge durchgedacht. Ähnlich wie die Autoren der späteren *Die Simpsons*-Staffeln hatte ich mir mit dieser Lüge einfach nicht genug Mühe gegeben. Mein Instinkt sagte mir, dass Melina nicht nur wusste, dass ich ein riesiger Lügner war, sondern auch, dass ich eigentlich auf Jungs stand, und das, obwohl ich gar nicht mein Spice-Girls-T-Shirt trug.

»Na ja, Thomas kann dir bestätigen, dass wir ein Paar sind!«, konterte ich, doch Melina ließ sich keine Sekunde lang täuschen.

»Ach bitte, Thomas ist so doof – der würde auch glauben, dass im Kühlschrank ein kleiner Mann wohnt, der das Licht ein- und ausschaltet!«

Sie hatte einen Punkt: Thomas war in der Tat ziemlich doof.

Beschämt davon, dass die einzige Person, die wirklich glaubte, dass wir ein Paar waren, der doofe Thomas Thaler zu sein schien, konnten der Beginn der Sommerferien und das gleichzeitige Ende unserer Beziehung für mich also gar nicht früh genug kommen. Ähnlich wie ein Haustier, das ich mir lange Zeit gewünscht hatte, das sich dann aber als zu viel Arbeit entpuppt hatte, war es auch an der Zeit, diese Beziehung auf der Autobahn auszusetzen.

Abseits der ständigen Beobachtung unserer Mitschüler lag es in unseren Händen, das dramatische Ende unserer Liaison mithilfe von MySpace frei zu inszenieren. Es erwies sich als erstaunlich einfach, eine Beziehung (an die ohnehin niemand geglaubt hatte) über Social Media zu beenden: Für alle von euch, die jünger als 25 oder älter als 35 sind, muss ich vielleicht erwähnen, dass MySpace eine supercoole Social-Media-Plattform war, auf der man eine »Top 8«-Liste seiner Freunde erstellen konnte. Wenngleich es aus heutiger Sicht absolut lächerlich klingt, seinen Mitmenschen eine Nummer auf einer Liste zuzuteilen, war dieses Ranking in den frühen 2000ern unfassbar wichtig und besiegelte das Schicksal unzähliger zwischenmenschlicher Beziehungen.

Im Laufe unserer Beziehung hatten Conny und ich einander – natürlich – den Nummer-1-Platz verliehen, was nach damaligen Verhältnissen einer Eheschließung gleichkam. Unsere Beziehung offiziell zu beenden war entsprechend einfach: Ich verschwand nicht nur von meinem Thron als ihre Nummer 1, sondern auch komplett aus Connys Freundesliste. Und das war das Ende von Conny und mir.

Als kleine Randnotiz möchte ich erwähnen, dass ich seit dem Untergang von MySpace die Möglichkeit, die Top-8-Liste als Druckmittel bei meinen Mitmenschen einzusetzen, sehr vermisse. Klar kann ich Freunden während eines Streits sagen »Tja, Bianca, mit dieser Aussage bist du gerade auf Platz 7 gerutscht!«, aber es hat leider nicht wirklich den gleichen Effekt. Ich war erleichtert! Diese Fake-Beziehung war fürchterlich anstrengend gewesen und ich wahnsinnig froh, dass sie endlich ihr Ende gefunden hatte. Ich wollte mir gar nicht erst ausmalen, wie zeitaufwendig eine echte Beziehung wohl sein musste. Vielleicht war das der Grund, warum ich mir für meine erste (echte) feste Beziehung bis zum 21. Lebensjahr Zeit lassen sollte.

Es war zwei Monate später, nach Ende der Sommerferien, als ich mich wieder zu Fuß auf dem Schulweg befand. Beschwingt wippte ich mit meinem Kopf zu einigen altbewährten Madonna-Klassikern, als ich aus dem Augenwinkel ausgerechnet Melina erkannte, die mir erst unlängst aufgrund meiner Beziehung ins Gesicht gelacht hatte. Na toll. »Na Michi?«, begrüßte sie mich. »Ich habe gehört, dass du nicht mehr mit Conny zusammen bist ...« In ihrer Stimme nahm ich einen neckischen Unterton wahr, den ich so nur von Richterin Barbara Salesch kannte, wenn sie die Bullshit-Story eines Angeklagten keine Sekunde lang glaubte.

Über den Sommer hatte ich besonders viele *Oprah*-Folgen gesehen, und wenn ich meiner neuen spirituellen Mentorin Glauben schenken durfte, ergab es keinen Sinn, länger als notwendig auf Unwahrheiten zu beharren. »Ja, das war nicht so ganz die Wahrheit ...«, erklärte ich kleinlaut, in einem Versuch, einen Fehler wiedergutzumachen. »Um ehrlich zu sein, waren wir nie wirklich zusammen!«

Melina legte sich übertrieben schockiert ihre Hand auf die Brust. »Ach was du nicht sagst?«

»War es so offensichtlich?«, wollte ich von ihr wissen.

»Michi, du bist schwuler als eine Handtasche voller Regenbögen!«, sagte sie mir, und bevor ich protestieren konnte, setzte
sie nach: »Und das ist schon okay, aber ich finde, du machst dich
ein bisschen lächerlich, indem du es immer so zwanghaft abstrei-
test!«

In diesem Moment erlebte ich etwas, was Oprah wohl liebevoll
einen »Aha-Moment« nennen würde, bevor sie völlig ausrastet
und jeder Person im Publikum ein Auto schenkt. Vielleicht hatten
meine Mitschüler gar kein Problem damit, dass ich nicht heterosexuell war, sondern hänselten mich, weil ich einfach nicht meine
Wahrheit lebte.

Das war's. »Keine Lügen mehr!«, beschloss ich. Dann fiel mir
wieder ein, dass ich gerade fünf verschiedene Lügen am Laufen
hatte und wie sehr diese mein Leben bereicherten. »Zumindest,
was meine Sexualität betrifft!«, fügte ich als Randnotiz meinem
Gedanken hinzu.

Kurze Zeit später outete ich mich – eine Geschichte, die ihr
in meinem ersten Buch nachlesen könnt –, und wenngleich auch
dieses Unterfangen nicht ganz ohne Probleme über die Bühne
ging, wurde das Leben an der Schule schon um einiges leichter für
mich: Die Leute, die mich nun nach wie vor mochten, mochten
mein authentisches Ich und nicht irgendeine fabrizierte Version,
die ich mir in der großen Pause hinter der Marien-Statue aus den
Fingern gesogen hatte.

Meine Fake-Beziehung mit Conny war ja schön und gut gewesen. Ich war dankbar, dass meine Schulfreundin bereit gewesen
war, für mich zu lügen. Dennoch war die Lüge nach hinten losge-
gangen und jeder, der nicht Thomas Thaler hieß, roch den Braten
aus fünf Kilometer Entfernung. Unsere Beziehung war vielleicht
so unecht wie der Weihnachtsmann gewesen, doch der glorrei-

che Moment, ab dem ich endlich authentisch leben konnte und die Leute mich mochten, weil ich ich selbst war? Der Moment war wirklich magisch!

Die zwei Fragezeichen

Lange bevor ich zu dem #boyboss wurde, der ich heute auf Instagram vorgebe zu sein, hatte ich einen ziemlich miesen Studentenjob. Bestimmt habt ihr schon einmal diese Menschen gesehen, die auf Bänken in überfüllten Einkaufsstraßen sitzen und mit gelangweilter Miene Striche auf ein Blatt Papier malen, als würden sie zählen, wie viele elendige Minuten sie noch auf unserem tristen Planeten Erde verbringen müssen.

Diese traurigen Gestalten zählen nicht ihre verbleibende Lebenszeit, sondern die Passanten auf Einkaufsstraßen, und ich war einst einer von ihnen. Und mit »einst« meine ich »einmal für einen Tag im Sommer, bevor ich bemerkte, dass dieser Job absolut fürchterlich ist und mir meine wenigen verbleibenden Gehirnzellen raubt«. Dabei hatte alles so harmlos angefangen.

Der Job als »Frequenzzähler«, wie es offiziell heißt, klang in der Annonce ziemlich toll: Man bekomme 100 € dafür, zehn Stunden lang in der Nähe des Eingangs eines Einkaufszentrums zu sitzen und jeden Besucher, der den Eingang passierte, mit einem Strich auf einem Blatt Papier zu markieren. Begeistert von diesem lukrativen Angebot, sagte ich auch meiner guten Freundin Melina Bescheid. Nachdem sie mir erklärt hatte, dass es okay war, schwul zu sein, wurden wir tatsächlich gute Freunde; eine Freundschaft, die – im Gegensatz zu den meisten anderen Freundschaften und meinen Ambitionen, einen anständigen Job zu finden – tatsächlich das Ende der Schulzeit überlebte.

Als dynamisches Duo waren wir in unseren jungen Jahren immer daran interessiert gewesen, mit möglichst wenig Aufwand möglichst viel Geld zu verdienen, und besonders während unserer Studentenzeit stürzten wir uns auf Gelegenheiten, Gewinn zu erzielen, als wären wir längst in Vergessenheit geratene *Bachelor*-Kandidatinnen. Für gewöhnlich war unsere Vorstellung eines »lukrativen Jobs«, die leeren Pfandbecher anderer auf Partys zu stibitzen und sie gegen Geld (oder frische Getränke) einzutauschen.

»100 € für zehn Stunden absolut hirnbefreite Arbeit!«, jubelte ich ins Telefon, während ich mental bereits mit einer harten Nuss kämpfte: Würde ich mein Geld sparen oder es doch für 100 ulkige Gegenstände im 1€-Shop ausgeben?

»So leicht haben wir noch nie Geld verdient!«

Am anderen Ende der Leitung vernahm ich nur Schweigen, und dann Melinas besorgte Stimme: »Glaubst du nicht, dass es vielleicht einen Haken geben könnte?«

»Nein, das glaube ich nicht«, entgegnete ich und war allmählich genervt davon, dass Melina immer so misstrauisch sein musste. Sie vermutete hinter jeder Straßenecke gemeingefährliche Räuber oder zumindest Leute, die ihr einen Bausparvertrag aufschwatzen wollten. Ich dagegen glaubte an das Gute im Menschen und nehme bis zum heutigen Tag alle Gratisdrinks dankend an – selbst wenn sie mir aus einem klitzekleinen Fläschchen, deren Etikett ein Totenkopf ziert, serviert werden.

Aber wie dem auch sei: Wie sollte es bei diesem einfachen Unterfangen einen Haken geben? Wir mussten einfach nur Menschen zählen – im Grunde genommen konnten wir also von einer Maschine oder aber sehr intelligenten Schimpansen ersetzt werden und sollten uns glücklich schätzen, überhaupt solch ein einmaliges Angebot bekommen zu haben!

Um 7.30 Uhr morgens trudelten meine Freundin und ich also müde, aber bereit, harte Arbeit zu leisten, beim Einkaufszentrum ein und wurden von unserem Arbeitgeber – einem älteren Mann, der sich als Herr Woscholsky vorstellte – begrüßt. Mit seiner fleckigen Haut und dem faltigen Anzug wirkte er wie die Sorte Person, die nebenbei Swinger-Partys im Wald veranstaltete.

Er war, wie ich annahm, der Besitzer des Einkaufszentrums und kam gleich zur Sache: »Jeder von euch setzt sich in die Nähe eines anderen Eingangs. Es gibt viele Gebüsche, in denen ihr euch verstecken könnt – die Kunden hassen es, beobachtet zu werden«, erklärte er. Melina warf mir einen genervten Blick zu.

»Immer, wenn jemand die Mall betritt, macht ihr einen Strich in der ersten Spalte, und wenn jemand rausgeht, macht ihr einen Strich in der zweiten Spalte. Alle 15 Minuten wechselt ihr das Blatt!«, erklärte er mit derselben *joie de vivre*, mit der Mitarbeiter einer Bowlingbahn zum hundertsten Mal die Bowlingregeln erklärten.

»Wenn ihr aufs Klo müsst, macht ihr einfach kurz Pause, aber nicht länger als drei Minuten. Wer so lange auf der Toilette braucht, braucht einen Arzt, keinen Job! Ich zahle sicher nicht Top-Euro für eure Blasenschwäche!«, ließ er uns wissen, bevor er eine Hustenattacke hatte, die so lange dauerte, dass wir uns inzwischen locker alle ein Frühstücksbrötchen hätten holen können.

Sein merkwürdiges Auftreten gab mir zu diesem Zeitpunkt nicht weiter zu denken, genauso wenig wie die Tatsache, dass

Herr Woscholsky uns bereits nach seiner Einführung die Bezahlung aushändigte, bevor er ohne Verabschiedung nicht etwa im Einkaufszentrum, sondern in die entgegengesetzte Richtung verschwand.

Bei Melina dagegen wehte bereits der altbekannte Wind des Misstrauens. »Bezahlung vorab? Im Gebüsch verstecken?«, wiederholte sie vorwurfsvoll, als wir endlich alleine waren. »Als Nächstes bittet er uns, ihn Big Poppa zu nennen und sämtliche ›Problemkinder‹ im Neusiedler See zu ertränken!«

Ich würdigte ihrem Misstrauen nur wenig Beachtung, verabschiedete mich und kletterte in mein Gebüsch, denn immerhin hatten wir zehn Stunden Arbeit vor uns, die anstrengender waren, als ich gedacht hatte. Hatte ich anfangs noch vermutet, dass ich während der Arbeit telefonieren oder lustige Ringe mit meinem Zigarettenrauch pusten könne, erwartete mich stattdessen ein Job, bei dem volle Konzentration gefragt war. Niemand hatte mir gesagt, dass dieses Einkaufszentrum so beliebt war! Menschenmassen strömten kurz nach Ladenöffnung durch den mir zugewiesenen Eingang, als würde dahinter der Sinn des Lebens liegen. Ich war schwer in meine Arbeit vertieft, als ein Polizist in meinem Blickfeld auftauchte – keine Seltenheit, wie uns Herr Woscholsky vergewissert hatte: Jugendliche im Gebüsch sorgten in dieser Gegend offenbar für Misstrauen. Unfassbar! Der Beamte verhörte mich, als wäre ich gemeingefährlich und könnte jeden Moment ausrasten und mit frisch gespitzten Bleistiften auf unschuldige Passanten werfen.

»Hören Sie, ich bin hier im Auftrag von Herrn Woscholsky – dem Besitzer dieses Einkaufszentrums – und führe eine hochoffizielle Frequenzzählung durch!«, motzte ich mit einer »Wissen Sie überhaupt, mit wem Sie es zu tun haben?«-Attitüde, die in dieser

Situation gänzlich unangebracht war. Obwohl meine Rechtfertigung in etwa so glaubwürdig klang wie damals, als ich behauptete, mich nach einer langen Partynacht aufgrund »schlechter Austern« erbrochen zu haben, wurde ich von meinem Besucher in Ruhe gelassen. Erleichtert atmete ich auf, hatte meine Rechnung aber ohne drei weitere Polizisten gemacht, die mich während meiner Arbeit nach und nach besuchten. Weil es in dieser Stadt offenbar wirklich keine größeren Bedrohungen gab als Jugendliche mit Bleistiften.

Der vierte Polizist hatte dann Neuigkeiten für mich: Sie hatten mit dem Besitzer des Einkaufszentrums gesprochen und dieser hatte von meiner kleinen Frequenzzählung in etwa so viel Ahnung wie ich von richtig anstrengender Arbeit.

Wie sich schon bald aufklärte, war unser mysteriöser Auftraggeber nicht etwa der Betreiber des Einkaufszentrums, sondern der Chef des kleinen Fachmarktzentrums nebenan – die Konkurrenz also! Ohne es zu wissen, hatten Melina und ich also eine regelrechte Spionageaktion durchgeführt. Und nicht nur das: Mittlerweile hatte ich bereits mehrmals, wenngleich unwissend, die Polizei angelogen!

Ich wurde gebeten, umgehend das Gelände zu verlassen, obwohl ich erst fünf meiner zehn Arbeitsstunden absolviert hatte. Ich war erleichtert, so glimpflich davonzukommen, doch ich wusste, dass mich eine viel schlimmere Bestrafung als Jugendknast erwarten würde: Melinas Standpauke.

»Das ist wirklich der Gipfel von all den Dingen, zu denen du mich je genötigt hast!«, platzte es aus ihr heraus, als ich sie aus ihrem Gebüsch abholte. »Wo hast du dieses Stellenangebot überhaupt gefunden – auf der Rückseite eines Tetra-Pak-Weins? Das hast du davon, dass du immer allen blind vertraust!«

»Sieh es positiv!«, beschwichtigte ich meine wütende Freundin. »Ja, wir haben vielleicht eine kleine Beschattung durchgeführt und die Polizei angelogen, aber bist du schon einmal für fünf Stunden Arbeit so gut bezahlt worden?«, erinnerte ich Melina an die 100€, die wir vorab bekommen hatten. »Stell dir einmal vor, wie viele Hamburger du dir für dieses Geld bei McDonald's kaufen könntest!« Ich lächelte. »Hundert ...«, flüsterte ich dann.

Nach diesem turbulenten Arbeitstag hatte ich definitiv meine Lektion gelernt: Vertrauen ist gut, Kontrolle ist besser. Ich bin, so dämmerte mir abermals, offenbar nicht der einzige Lügner auf dieser Welt, und im Gegensatz zu mir haben nicht alle Menschen den Anstand, ihre Lügen-Marionetten vorab in die Unwahrheiten, die sie da verbreiten, einzuweihen. Keine Sekunde lang war mir in meiner Naivität in den Sinn gekommen, dass unser Arbeitgeber womöglich Dreck am Stecken haben könnte. Obwohl ich an diesem Tag einen phänomenalen Umsatz vermelden und Melinas Misstrauen endlich ein bisschen besser verstehen konnte, sollte das dennoch definitiv mein letzter Studentenjob gewesen sein. Seitdem habe ich immer großes Mitgefühl mit den erschöpft aussehenden Studenten, die auf Einkaufsstraßen ihre Strichlisten führen. Im Vorbeigehen lächle ich ihnen zu und flüstere leise: »Weißt du wirklich, für wen du arbeitest?«

Als ich das Weinen lernte

Es ist ein kleines Kunststück, mich zum Weinen zu bringen. Klar, ab und an verdrücke ich eine kleine Träne, wenn meine Nichte etwas außerordentlich Süßes macht oder diese verrückten Kids bei *Glee* mit ihrer rührenden Version von John Lennons *Imagine* durch die Gänge ihrer Schule tänzeln, aber ansonsten zeige ich mich ähnlich gefühlstaub wie Nicole Kidmans Stirn.

Selbstmitleid ist nicht so mein Ding, und nie würde es mir in den Sinn kommen, aufgrund einer schwierigen Situation, in der ich mich gerade befinde, in Tränen auszubrechen. Ich hatte nur Unverständnis übrig für Klassenkameraden, die aufgrund schlechter Noten heulten wie Teenager bei einem Justin-Bieber-Konzert.

»Heiliger Bimbam, man möchte meinen, ihr Großvater sei gerade gestorben!«, murmelte ich vor mich hin. Umso ironischer war es, dass ich wenige Monate später, auf dem Begräbnis meines geliebten Großvaters, keine Träne vergießen konnte, obwohl ich wahnsinnig traurig war. Ungeduldig biss ich mir mit voller Kraft auf die Innenseite meiner Wange, um zumindest feuchte Augen zu bekommen. Ich nahm mir vor, auf die nächste Beerdigung Zwiebeln, ein Messer und ein kleines Schneidebrett mitzunehmen, um nicht völlig herzlos zu wirken. Manche nennen es

»gefühlskalt«, aber ich würde behaupten, dass ich einfach irrsinnig gefasst bin.

Umso mehr überraschte es mich also, dass sich im März 2015 plötzlich das dicht verriegelte Schleusentor vor meinen Tränendrüsen öffnete und ich in den kommenden Monaten fast durchgehend heulte, wie jemand, der das neueste Adele-Album ein bisschen zu sehr fühlt.

Dabei hatte alles sehr vielversprechend angefangen. Ich war gerade im Paris-Urlaub und verschlang ein Macaron nach dem nächsten, als ich einen Anruf von meiner Managerin Rita erhielt. Damals war ich bei einer Berliner Agentur für YouTuber unter Vertrag und hatte einmal im Monat ein einstündiges Telefon-Meeting mit meiner Kontaktperson.

Obwohl diesen Agenturen medial ein schlechter Ruf vorauseilt, war ich mit meinem YouTube-Netzwerk – nennen wir es einfach mal CreatorBox – sehr zufrieden und verstand mich gut mit Rita. Da meine Karriere in etwa so steil verlief wie eine Fahrt durch das Nordburgenland, sprachen wir bei unseren monatlichen Telefonaten zumeist fünf Minuten über meine Projekte und bequatschten die restliche Zeit das Wetter, unser Privatleben oder die neueste Staffel *Germany's Next Topmodel*.

Dieses Mal hatte Rita aber eine spannende Neuigkeit für mich: »Michael, CreatorBox hat eine Wohnung in Berlin angemietet, in die vier ausgewählte YouTuber einziehen sollen. Kannst du dir vorstellen, ein halbes Jahr lang nach Berlin zu ziehen?«, fragte sie so unaufgeregt, als würde sie mir eine Tasse Tee anbieten. Ich war so überrumpelt, dass mir ein ganzer Macaron aus dem Mund fiel.

Ich war mir sicher, dass ein großformatiges Blatt Bullshit-Bingo vor ihr lag, denn Rita erklärte mir nun, Sinn dieser Aktion sei es, »Synergien« zu erzeugen und die WG-Mitbewohner gegenseitig von ihrer Reichweite profitieren zu lassen. Wie dieses eine Mal, als Steve Urkel einen Gast-Auftritt in *Full House* hatte, um die Quoten anzukurbeln. Mit meinen (zu diesem Zeitpunkt) gerade mal 30.000 Followern war ich offensichtlich nicht Steve Urkel.

War ich wirklich bereit, urplötzlich für ein halbes Jahr in eine fremde Stadt zu ziehen, in der ich niemanden kannte? Besonders jetzt, wo ich endlich einen Partner und einen Freundeskreis gefunden hatte, die akzeptierten, dass ich Tortenstücke stets ohne Besteck und stattdessen »wie einen Apfel« aß?

Ich hatte genug *Eat, Pray, Love*-artige Bücher gelesen und wusste, dass man erst seine Komfortzone verlassen musste, um als Mensch wachsen zu können. Abgesehen davon klang dieses Angebot einfach zu fantastisch, um auf mein Bauchgefühl zu hören. Ich sagte mir: Dieser Schritt ist super für meine Karriere! Ich werde ihn nicht bereuen! Besser mit 23 ins Ausland gehen als in ein paar Jahren, wenn ich Verpflichtungen habe und womöglich eines meiner Beine in einem Gang-Fight verloren habe.

Vier YouTuber in einer WG – wo soll da der Haken sein?

Beeindruckend, wie sehr wir uns selbst belügen können!

Ich hatte keine Zeit für Zweifel und ließ mir sofort den Vertrag schicken. Das Dokument verpflichtete mich dazu, ein halbes Jahr lang in der Wohnung zu wohnen und regelmäßig Videos zu produzieren. Kurzerhand unterzeichnete ich und sah mich schon bald wie Dagobert Duck ausgelassen durch meinen gut gefüllten Geldspeicher schwimmen.

Doch je näher mein Umzug rückte, desto größer wurden meine Bedenken. Und siehe da: Tränen flossen in einem Ausmaß wie sonst nur der Wein. Oft wachte ich morgens gut gelaunt auf, bis mir einfiel, dass ja bald ein Umzug anstand, und dann fing ich an zu heulen, als hätte ich die Liebe meines Lebens im Krieg verloren. Beim Einschlafen weinte ich oft so viel, dass sich meine Ohren mit Tränen füllten. Ähnlich wie Cameron Diaz in diesem einen Weihnachtsfilm hatte ich fest daran geglaubt, dass ich einfach nicht weinen kann, aber offenbar brauchte es nur eine rechtsgültige Abmachung, die mich verpflichtete, in eine Spaß-WG nach Berlin zu ziehen, um meine Tränendrüsen zu aktivieren.

Mein Freund Dominik, mit dem ich zu diesem Zeitpunkt erst ein Jahr lang zusammen war, würde mich nicht nach Berlin begleiten können, und bei dem Wort »Fernbeziehung« wurde mir schlecht. Ich wusste aus meinem Freundeskreis, dass »Fernbeziehung« der Code war für »Sehr viel Skypen mit anschließender Trennung«. Doch Dominik sprach mir gut zu, ohne Zweifel bereits in heiterer Aussicht auf all die Reinigungskosten, die er sparen würde, wenn ich ein halbes Jahr lang nicht da war, um Curry und andere schwer-aus-Stoffen-zu-entfernende Gerichte auf besonders unachtsame Weise in seinem Bett zu essen. Unsere Beziehung würde die Distanz überleben und wir würden einander regelmäßig sehen, vergewisserte er mir.

Okay, also kein Grund, wegen meiner Beziehung zu weinen, aber dann war da natürlich auch noch meine Familie, die ich ungern im Stich lassen wollte. Meine Eltern und Großmütter wurden nicht unbedingt jünger, und ich hatte die Sorge, viele wichtige Momente zu verpassen, in die ich mich im Nachhinein in mühevoller Kleinarbeit mithilfe von Photoshop wieder einfügen müsste.

Aber auch meine Familie wusste mich zu besänftigen: Ein halbes Jahr im Ausland war ja nun wirklich kein Grund zu schmollen. Flüge zwischen Berlin und Wien waren günstig, und ich sei so oft zu Hause willkommen, wie ich wollte, sagten sie mir. Egal, wie sehr ich betonte, dass ich ganze 183 Tage nicht im Land sein würde; niemand wollte eine Träne vergießen. Warum zeigten sich bloß alle so emotionslos wie ich auf Beerdigungen?

Da alle anderen so cool blieben, dämmerte mir allmählich, dass ich vielleicht selbst ein Problem mit dieser Veränderung hatte und all die positiven Aspekte an diesem Umzug einfach gut gemeinte Lügen waren, die ich mir selbst erzählte. Ich hatte mir eingeredet, dass der Umzug ein einmaliges Angebot war, das ich nicht ziehen lassen sollte, und dabei ganz außer Acht gelassen, dass ich einfach nicht nach Berlin ziehen wollte.

Doch mittlerweile war es zu spät: Der Vertrag war unterzeichnet, die Umzugsfirma bestellt und es gab kein Zurück mehr. Ich weinte noch ein bisschen im Bus und dann war ich auch schon am Berliner ZOB.

Ein Taxi brachte mich zu unserer Wohnung, die sich in einem Stadtteil Berlins befand, der mir vor allem aus den Zeitungen ein Begriff war. Und das nicht, weil er im Reiseteil der Sonntagszeitung für sein unfassbares Flair gelobt wurde. Vielmehr fand dieser Stadtteil in Artikeln mit Überschriften wie »Vier Verletzte bei Messerstecherei!« oder »Drogenrazzia endet im Blutbad!« Erwähnung. Das machte mir aber nicht sonderlich viel aus, da ich in Wien ohnehin ein bisschen über meinen Mitteln wohnte und ein halbes Jahr im Verbrecher-Kiez genau das war, was ich brauchte, um meinem Image diese gewisse Rauheit zu geben.

Schon kurz darauf führte ich Smalltalk mit einem Installateur, der gekommen war, um einen defekten Wasserhahn in der WG zu reparieren. Wie bei so ziemlich jeder sozialen Interaktion, die vor meinem zweiten Espresso stattfindet, musste ich mich auch an jenem Morgen besonders bemühen, so freundlich und zurechnungsfähig wie möglich zu wirken. So entschied ich mich, den Smalltalk auf eine kleine Anekdote aus meinem Leben zu beschränken. »Wissen Sie, ich bin gerade erst von Wien nach Berlin gezogen«, erklärte ich, »und daher ist diese Wohnung noch ein bisschen leer.« Theatralisch zeigte ich in die Küche, in der ein Umzugskarton als Frühstückstisch und ein Schnapsglas als Eierbecher dienten.

Mein morgendlicher Besucher hielt einen Moment lang inne und sah mich verwundert an. Solch einen verwirrten Blick hatte ich nicht mehr gesehen, seit ich letztens die Bühne einer Karaokebar gestürmt hatte, um den Trude-Herr-Klassiker *Weil ich so sexy bin* zu singen. »Von Wien nach Berlin? Warum tun Sie denn so was?«, fragte er mich todernst und ungläubig, so als hätte ich ihm gerade erzählt, dass ich vorhatte, mit einer blutenden Wunde in einem Haifischbecken baden zu gehen.

Dieser Typ, ein waschechter Berliner, war der erste Mensch, der meine geheimen Bedenken teilte. Ja, warum musste ich denn unbedingt umziehen, wenn es mir in Wien an absolut gar nichts fehlte? Ach, ein bisschen Auslandserfahrung kann nicht schaden, und jeder Mensch sollte einmal in einer WG wohnen, sagte ich mir.

Als wenige Tage später auch die restlichen Mitbewohner einzogen, wurde mir bewusst, warum jeder Mensch einmal die Erfahrung machen sollte, in einer WG zu wohnen: Um sagen zu können »Okay, das war ein Reinfall – jetzt weiß ich, was ich in Zukunft unter keinen Umständen absolut nie mehr wieder möchte!«.

Kennt ihr diese Freunde, mit denen man stundenlang über absolut sinnbefreite Themen sprechen kann? Selbst wenn man zehn Stunden am Stück miteinander verbringt, hat man noch nicht genug voneinander? So ein Verhältnis hatte ich etwa mit Rita, die während meiner Berlin-Zeit zu einer guten Freundin wurde. Das Verhältnis zwischen meinen neuen Mitbewohnern und mir war allerdings das genaue Gegenteil.

Meine drei Mitbewohner waren zwar alle sehr nett und ich werde immer nur Gutes über sie zu erzählen wissen, aber ich müsste lügen, um zu behaupten, dass wir richtig dicke Freunde wurden. Wir waren freundlich zueinander und lachten viel, aber es hat nie wirklich »Klick« gemacht, und Gesprächsthemen zu finden gestaltete sich auf Dauer in etwa so leicht wie mein Unterfangen, mir in Berlin ein Sixpack anzutrainieren. Inzwischen scheint mir offensichtlich, warum die Chemie nicht stimmte: Ich halte es für keine gute Idee, mit Leuten zusammenzuwohnen, die alle haargenau dasselbe machen, denn dann gibt es unvermeidlich nur ein einziges Gesprächsthema. Würde ich zum Beispiel – gemeinsam mit meinen Mitbewohnern – an der Wursttheke im Supermarkt arbeiten, nach einem langen Arbeitstag nach Hause kommen und dann ausgerechnet wieder über Wurst reden, würde mich das auf Dauer wohl auch wahnsinnig machen. Selbst wenn meine Mitbewohner die besten Menschen der Welt sind. So ging es in unserer WG ständig nur um YouTube und das fanden wir mit der Zeit alle ein bisschen eintönig.

Deshalb widmeten wir einem ausgeklügelten Tanz, den ich liebevoll den »WG-Tango« nenne, viel Zeit: Vorsichtig lauschten wir, ob sich jemand an öffentlichen Orten wie der Küche, dem Badezimmer oder dem Wohnzimmer aufhielt, bevor wir aus unseren Zimmern schlichen, um ja niemandem zu begegnen, der Smalltalk führen wollte.

Wenngleich mein Sixpack-Projekt schneller den Bach runterging, als ich »Bauchmuskeln sind überbewertet« sagen konnte, entdeckte ich schon bald einen Sixpack ganz anderer Art für mich – nämlich die Packung Bier, die ich mir regelmäßig vom

Späti holte und klammheimlich in meinem Zimmer leerte, als würde ich mich auf die Meisterschaften im Wett-Trinken vorbereiten.

Schneller als gedacht verwandelte ich mich in einen verschrobenen, tragischen Einsiedler, verließ selten mein Zimmer und verfluchte trunken all die Leute, die mir vergewissert hatten, dass eine Fernbeziehung »erfrischend« war. Diese Fernbeziehung war in etwa so erfrischend wie ein warmes Glas alter Milch, und selbst nach mehreren Wochen vermisste ich Dominik noch tierisch. Auch mein erwarteter Karriere-Durchbruch blieb weitgehend aus, und kostbare Auslandserfahrung in einem Land zu sammeln, das fast haargenauso wie Österreich ist, gestaltete sich äußerst schwierig.

Melancholisch dachte ich an die Tage zurück, in denen ich nicht weinen konnte. Bestimmt hätte ich meiner Berlin-Zeit etwas Positives abringen können, wenn ich nur eine Sekunde lang mein Selbstmitleid unterbrochen hätte, aber dafür war ich nun wirklich nicht in der Stimmung. Rasch wurde mir die Lektion, die mir das Leben erteilen wollte, bewusst: Ja, manchmal ist es durchaus wichtig, seine Komfortzone zu verlassen. Aber wenn dein Bauchgefühl von Anfang an sagt, dass ein Unterfangen eine schlechte Idee sein könnte, sollte man womöglich einfach darauf hören, anstatt sich weiterhin selbst anzulügen. Ich hatte meine Lektion gelernt und bat darum, schon etwas früher wieder ausziehen zu dürfen.

Wenngleich ich meinen kleinen Ausflug über den Rand meiner Komfortzone hinaus verfrüht abgebrochen habe, blieb er dennoch nicht ohne seine *Eat, Pray, Love*-Erkenntnisse: Ja, ich sollte zukünftig mehr auf mein Bauchgefühl hören. Ich wusste nach meiner Rückkehr mein Umfeld in Wien, all meine Freunde und die Familie umso mehr zu schätzen. Eigentlich hatten die Leute recht: Fernbeziehungen sind total erfrischend – wenn sie erst mal vorbei sind. Ich fiel Dominik um den Hals, als würde ich ihn nach meiner zehnjährigen Freiheitsstrafe in Sing-Sing zum ersten Mal wiedersehen.

Doch die beste Erkenntnis: Ich kann heulen wie ein Schloss-hund – ich brauche einfach nur einen guten Anlass. Vielleicht kann ich das noch mal gewinnbringend bei einer Lüge einset-zen?

Lügen haben schlanke Beine

Meine Mutter kam mit besorgtem Blick in mein Zimmer gehastet. »Ich habe gerade mit deiner Mathe-Lehrerin telefoniert ...«, sagte sie.

Na toll! Erst wenige Tage zuvor hatte ich eine Arbeit verbockt. Aber musste meine Lehrerin denn deshalb gleich bei meinen Eltern anrufen?

»Schau, Mama, ich hatte bei der Arbeit einfach einen schlechten Tag –«, fing ich an, mich zu rechtfertigen, aber meine Mutter unterbrach mich sofort.

»Nein, nein. Sie meinte, ich solle mir keine Sorgen wegen der Klausur machen, das war ein Ausrutscher. Aber sie hat mich gebeten, dringend mit dir zum Arzt zu gehen und dein Gewicht prüfen zu lassen. Sie macht sich Sorgen.«

Ach herrje. Nun wünschte ich mir, sie hätte bloß wegen der Arbeit gemeckert. Seit Monaten lagen mir meine Eltern aufgrund meines sinkenden Gewichts in den Ohren und baten mich darum, mich »durchchecken« zu lassen oder in eine »besondere Klinik« einzuchecken. »Aber, aber, ich bin doch nur in der Pubertät!«, hatte ich sie bislang immer vertröstet. »Mein Körper verändert sich, und es ist doch völlig normal, dass ich ein bisschen Babyspeck verliere«, erklärte ich, als hätte ich gleich mehrere informative Ratgeber zum Thema »Jungs in der Pubertät!« gelesen. Ob es wirklich normal war, dass ich 15 Kilogramm Babyspeck verloren hatte?

Ich entschied, zu bluffen. »Na dann, fahren wir eben zum Arzt!«, sagte ich, als hätte ich überhaupt nichts zu verbergen, und zog mir so langsam meine Jacke an, dass meine Mutter währenddessen problemlos ihre Steuern hätte machen können. Ich brauchte Zeit, um mir einen geheimen Schlachtplan zu überlegen.

»Lass mich nur noch mal eben aufs Klo gehen!«, sagte ich und verließ langsam den Raum. Sobald ich das Sichtfeld meiner Mutter verlassen hatte, eilte ich schnurstracks ins Badezimmer, verschloss die Tür hinter mir und trank zwei Liter Wasser auf einmal. Ob das reichen würde, um die Gewichtskontrolle zu bestehen?

Hätte mir vor drei Jahren jemand gesagt, dass ich einmal aufgrund meines Untergewichts zum Arzt gehen würde, hätte ich mit meinen Pommes nach ihm geworfen. Damals war ich ein wohlgenährter Junge, lebte nach dem Motto »Eine Packung Schokokekse schließt den Magen!« und wurde regelmäßig von meinen Mitmenschen darauf hingewiesen, dass mein Körper nicht ganz in das gängige Schönheitsideal passte. Erstaunlich übrigens, dass das so beliebt ist: Warum sollte man jemanden auf sein schlechtes Aussehen hinweisen? Egal, ob es sich um Aussagen wie »Heute siehst du aber besonders niedergeschlagen aus!« oder die passiv-aggressive Frage »Hattest du nicht mal mehr Zähne?« handelt, halte ich es generell für unangebracht, optische Mängel zu kommentieren: Die Chancen stehen gut, dass die betroffene Person ohnehin bestens über sie Bescheid weiß.

Dicksein ist nicht wie Spinat zwischen den Zähnen. Niemand wird sagen: »Was? Ich bin dick? Ich dachte, ich hätte vorhin einfach nur zu viel Wasser getrunken. Danke, dass du mich darauf hingewiesen hast!«

Bei einer Party meiner Eltern fragte mich eine Freundin meiner Mutter mit kritischem Unterton, ob ich denn absolut alles essen dürfe, was ich wolle, oder ob meine Eltern mich manchmal »stoppen« müssten. Stoppen! So als wäre ich ein Serienmörder auf der Flucht und meine Eltern die Kriminalpolizei.

Ein anderes Mal war ein Schulfreund bei mir zu Besuch und hatte seinen kleinen Bruder mitgebracht, der mich, nachdem er mich beim Essen beobachtet hatte, als »fetten Wal« bezeichnete. Ich war sichtlich verletzt. Damals trafen mich all diese Beleidigungen sehr; so sehr, dass ich mich bis heute detailgetreu an jede dieser Aussagen erinnere, als hätte ich sie erst vor wenigen Stunden gehört. Seit ich diese Erfahrungen gemacht habe, versuche ich, in meiner eigenen Wortwahl netter zu sein. Eine Aussage, die für mich selbst brüllend komisch klingen mag, könnte für eine andere Person so verletzend sein, dass sie diese für die nächsten fünf Jahre im Ohr hat.

Ich kann nicht mehr konkret sagen, was der Startschuss für meine Essstörung war. Es wäre natürlich verrückt, sie den blöden Scherzen anderer in die Schuhe zu schieben, da ich auch ohne diese Seitenhiebe unzufrieden mit meinem Körper war. Regelmäßig malte ich mir aus, wie viel fantastischer mein Leben sein könnte, wenn ich nur ein paar Kilogramm leichter wäre, und entdeckte wenig später einen Weg, diesen Wunsch in die Realität umzusetzen.

Das Schreiben der folgenden Zeilen ist mir äußerst unangenehm, sogar noch unangenehmer als das Schreiben über Essstörungen an sich. Ich möchte euch in Erinnerung rufen, dass wir damals das Jahr 2009 schrieben. Beyoncés *Single Ladies* war der heißeste neue Track und eine junge Schauspielerin namens Miley Cyrus galt mit ihrer Serie *Hannah Montana* als solides Vorbild für Jugendliche.

»Diese Miley wirkt echt wie eine anständige, junge Dame! Sicher wird sie nie spärlich bekleidet auf einer Abrissbirne herumschwingen!«, dachten wir uns alle.

In *Hannah Montana* spielte sie eine junge Schülerin, die ein Doppelleben führt und nachts als berühmter Popstar unterwegs ist. Der gleichnamige Film kam in die Kinos, und im Rahmen der Marketingkampagne wurde ein Song namens *Hoedown Throwdown* mit dazugehörigem Tanz veröffentlicht. Mein Leben lang hatte ich davon geträumt, der Anführer eines spontanen Flashmobs zu sein. Das war meine Chance!

Ich beschloss, über die bevorstehenden Sommerferien den gesamten Tanz – eine Mischung aus Country und Hip-Hop – auswendig zu lernen, um ihn fortan fehlerfrei auf sämtlichen Partys aufführen zu können. Denn wie wir alle wissen, sind alle, die komplizierte Country-Tänze auswendig kennen, wahnsinnig cool.

In den kommenden Wochen besiegelte ich also meine Jungfräulichkeit, indem ich diesen Tanz einstudierte, und stellte überrascht fest, dass ich allein durch die Proben ein ganzes Kilo verlor. Gewichtsverlust durch Tanz? Was passiert, wenn ich noch mehr Sport mache? Was, wenn ich mehr Sport mache und gleichzeitig sogar gesünder esse?

Gesagt, getan: Die Kilos purzelten, wie sie das sonst nur bei *The Biggest Loser* tun, und so nahm das Unheil seinen Lauf. Der *Hoedown Throwdown* wurde gegen Stunden auf dem Hometrainer und meine Leibspeise – Pommes! – gegen Sellerie-Sticks getauscht. Bereits kurze Zeit später war ich vollkommen besessen von meinem Gewicht und stets bemüht, dieses zu reduzieren. Meine Crash-Diät machte sich bewährt.

Das neue Schuljahr begann, und mehr als zwei Monate nachdem ich angefangen hatte, Gewicht zu verlieren, kehrte ich triumphal zurück in unseren Klassenraum. Bitte stellt euch diesen wichtigen Moment meiner Jugend so vor wie den enthüllenden Augenblick in so gut wie jedem Anne-Hathaway-Film, in dem die einst »hässliche« Anne allen Leuten beweist, dass sie ziemlich attraktiv sein kann, wenn sie einfach nur ihre Haare bändigt und ihre Monobraue zupft.

Ich betrat das Klassenzimmer und konnte mich gerade noch davon abhalten, mit ausgebreiteten Armen laut »TADA!« zu rufen. Der pummelige Michael war nun endlich dünn! Meine Mitschüler waren erstaunt, überrascht und verwirrt. Ich wurde mit Komplimenten überhäuft und mit Fragen gelöchert. Wie war es mir bloß gelungen, so viel Gewicht zu verlieren? »Eine ausgewogene Ernährung und regelmäßiger Sport sind wichtig!«, antwortete ich lachend, als wäre ich eine Schauspielerin bei einer Pressekonferenz, die den Reportern erzählt, dass sie ihr Gewicht hält, indem sie viel Wasser trinkt und mit ihren Kindern im Garten spielt.

»… außerdem hasse ich meinen Körper und bediene mich kreativer Methoden, um meinen Magen von seinem Inhalt zu befreien«, hätte ich vielleicht noch hinzufügen sollen, beschloss aber, dieses Detail lieber zu verschweigen.

Ich genoss es, über einen Aspekt meines Lebens die absolute Kontrolle zu haben.

Während es mir immer schwerfiel, meine Noten auch nur ein bisschen zu verbessern, und Beliebtheit zu erlangen mir komplizierter erschien als das Rätsel der Sphinx, empfand ich den

Gewichtsverlust als erfrischend logisch: Verbrennt man mehr Kalorien, als man zu sich nimmt, verliert man Gewicht. Ich konnte vielleicht keine mathematischen Gleichungen lösen, aber abnehmen bekam ich gerade noch hin.

Ich war natürlich längst krankhaft magersüchtig, erkannte das Problem aber nicht. Natürlich war es eigentlich traurig, dass ich immer nur noch dünner werden wollte, aber zum ersten Mal in meinem Leben jagte ein Erfolgserlebnis das nächste. Nun erreichte ich jedoch einen Punkt, an dem die Kilos nicht mehr nur durch Sport und gesunde Ernährung purzelten, und so beschloss ich, vereinzelte Mahlzeiten auszulassen. Das gestaltete sich besonders schwierig, da meine Eltern mittlerweile ein wachsames Auge auf mich geworfen hatten. »Komm schon! Zeit für eine Zimtschnecke!«, riefen sie gerne mal – ein Befehl, den ich dieser Tage bitterlich vermisse.

Ich musste also kreativ werden, um dem Adlerauge meiner Mutter zu entkommen. So erklärte ich ihr eines Tages nonchalant, ich wolle von nun an mein Frühstück in meinem Schlafzimmer zu mir nehmen, so als wäre ich Hugh Hefner an einem besonders entspannten Morgen in der *Playboy*-Villa. Da ich für meine merkwürdigen Ideen bekannt war, hinterfragte niemand meine exzentrische Bitte.

Sobald mein Frühstücksbrot auf meinem Schreibtisch gelandet war und meine Mutter das Zimmer verlassen hatte, agierte ich schneller als ein Mörder, der einen Tatort reinigen wollte: In Windeseile deponierte ich sämtliche Kohlehydrate in einer kleinen Box in meinem Rucksack und machte mich auf den Weg in die Schule. Dort angekommen, händigte ich mein Frühstück jeden Tag einem anderen jüngeren Kind aus und fühlte mich äußerst wohltätig dabei.

Fortan war mir, als würde ich – ähnlich wie Hannah Montana, die den Stein ja erst ins Rollen gebracht hatte – ein Doppelleben führen.

Zu diesem Zeitpunkt waren meine Schultage immer recht lang und ich erzählte meiner Familie, nachdem ich nach Hause gekommen war, im Detail, was ich in dieser Zeit gegessen hatte – und damit meine ich natürlich, ich belog sie nach Strich und Faden, da ich absolut gar nichts gegessen hatte.

»Aaaaalso ...«, leitete ich oftmals ein, »zuerst habe ich einen Salat gegessen, weil ich mich ja ein bisschen gesünder ernähren wollte, aber dann konnte ich einfach nicht widerstehen und habe auch noch einen Schokokuchen mit flüssigem Kern und Schlagsahne bestellt! Uuuh-la-la! Ich weiß ja nicht, wie es euch geht, aber für mich übertrifft nichts diese Kombination aus heißer Schokolade und kalter Sahne!«, schwadronierte ich meine Fan Fiction zum Thema »Essen« vor mich hin. »Man lebt nur einmal!«

Wo in aller Welt ich in meiner 45-minütigen Mittagspause einen Schokokuchen mit flüssigem Kern aufgetrieben haben sollte, bleibt mir bis zum heutigen Tag ein Rätsel. Wenngleich sich meine Eltern misstrauisch zeigten, konnten sie mich, so ganz ohne Beweise, ja nur schwer der Lüge bezichtigen und beobachteten mich stattdessen genau, während ich mein Abendessen – zu diesem Zeitpunkt die erste Mahlzeit meines Tages – verdrückte.

Andere Male erfand ich Essens-Verabredungen mit Freunden, um mich auch vor den Hauptmahlzeiten mit meiner Familie zu drücken. »Es klingt verlockend, heute Abend Schweinebraten mit euch zu essen«, sagte ich etwa, »aber Cornelius hat mich spontan zu seinem alljährlichen Grillfest eingeladen und das wird bestimmt wieder das große Fressen des Jahres!« Zu diesem Zeitpunkt hatte ich bereits meinen Führerschein, also stieg ich in mein Auto und fuhr zwei Stunden lang ziellos in der Gegend herum, bevor ich mit leerem Magen wieder nach Hause kam.

Meine Familie besteht natürlich nicht aus einem Haufen naiver Tölpel, also stieß ich durchaus auf Zweifel. Doch durch Lug und Trug schaffte ich es, mich aus jeder brenzligen Situation zu winden; so auch aus dem angedrohten Arztbesuch. Nachdem ich heimlich zwei Liter Wasser getrunken hatte, raste meine Mutter unter Missachtung sämtlicher Verkehrsregeln zur nächsten Arztpraxis, wo ich gewogen wurde.

Mit zwei Kilogramm zusätzlichem Gewicht war ich zwar noch immer relativ leicht, aber nicht im besorgniserregenden Bereich. »Ich sehe nichts Abnormales an dir!«, sagte der Arzt meines Heimatortes, als hätte er eine undiagnostizierte Sehschwäche. »Als ich in deinem Alter war, habe ich genauso viel gewogen. Lass dich nicht verunsichern!«, verabschiedete er mich mit einem Schulterklopfen aus seiner Praxis.

Weder die Sorgen meine Familie noch die Mangelerscheinungen meines Körpers brachten mich zur Einsicht. Es war ausgerechnet Conny, meine einstige Fake-Freundin, die mir zu meinem »Aha-Moment« verhalf.

Conny, die mich stets bewundernd musterte, wenn ich mit Freunden bei McDonald's anstand und lediglich »eine große Cola light, bitte« bestellte, wurde ebenfalls von Woche zu Woche dünner. Anfangs war ich zu sehr mit meinem eigenen Gewicht und den vielen Ausreden und Flunkereien beschäftigt, um es zu bemerken, aber nach einiger Zeit war ihre magere Statur doch sehr auffällig.

Ähnlich wie Paris Hilton und Nicole Richie in den frühen 2000ern fanden wir großen Gefallen daran, einander zu sagen, wie schlank wir doch seien, doch keiner von uns wagte anzusprechen, dass wir beide offensichtlich total unglücklich und krank waren. Einmal, in der großen Pause, wurde ich von einem Mädchen aus der Parallelklasse angesprochen. »Michael, ich mach das jetzt genauso wie Conny und du!«, kündigte sie an. »Ich werde einfach weniger essen und mehr Sport machen!« Ich nickte nur abwesend, weil ich es eigentlich hasste, wenn andere ebenfalls versuchten abzunehmen, da ich befürchtete, sie könnten damit erfolgreicher sein als ich.

»Oder ich mache es wie Conny und esse nur noch einen Apfel am Tag!«, sinnierte sie dann vor sich hin. Wenngleich ich bislang nur halb zugehört hatte, wurde ich jetzt hellhörig. »Wie bitte? Einen Apfel am Tag?«, hakte ich nach. »Ja, ja. Conny hat mir letztens gesagt, dass sie meistens nur einen Apfel isst. Letztens war ihr sogar der zu viel, und dann musste sie sich übergeben!«, enthüllte das Mädchen, als würde es nebenbei bei der örtlichen Klatschpresse arbeiten.

Ähnlich wie in dem Buch *Die Welle* war dies der Moment, in dem ich bemerkte, dass dieser Abnehm-Wahn, den ich gestartet hatte, längst nicht mehr nur mich selbst betraf. Wenngleich ich es wohl sehr einfach hatte aussehen lassen, Gewicht zu verlieren, wollte ich beim besten Willen nicht, dass sich meine Mitschülerinnen denselben üblen Methoden unterzogen, die ich praktizierte.

Anstatt ein riesiges Bild von Hitler an die Leinwand des Auditoriums zu projizieren, beschloss ich, dass meine ständige Diät wohl langsam ihr Ende finden musste. Der Gedanke, dass ich meinen Freundinnen als »Thinspiration« diente, belastete mich schwer. Mir kam ein weiterer merkwürdiger Gedanke: Wenn ich vor den Körpern meiner Freunde mehr Respekt habe als vor meinem eigenen Körper, läuft da eindeutig etwas schief.

Diese Erkenntnis bildete einen guten Anfang für das Ende meiner Magersucht, allerdings ist es alles andere als einfach, eine Essstörung an den Nagel zu hängen, als wäre sie ein Instrument, auf das man einfach keine Lust mehr hat.

Ich hatte noch immer ein gestörtes Essverhalten, als ich mit 18 Jahren von zu Hause auszog. In meiner neuen Wohnung in Wien angekommen, war eine Waage eines der ersten Dinge, die ich mir kaufte. Ich nahm mir vor, nur an ausgewählten Tagen zu essen und schon bald schlanker denn je zu sein! Zwei Tage lang zog ich meinen Plan durch, doch es fühlte sich einfach nicht richtig an. So komisch es auch klingen mag: Der einstige Reiz meiner Magersucht bestand auch darin, meine Mitmenschen anzulügen und ein düsteres Geheimnis zu haben. Doch niemand stellte mir hier in meiner Wohnung detaillierte Fragen über meine Nahrungsaufnahme.

Solange ich alle anderen anlügen konnte, war es mir auch gelungen, mir selbst einzureden, dass es mir eigentlich gut ging und ich meine Diät jederzeit stoppen konnte. Aber dank der Abwesenheit meiner engsten Bezugspersonen fiel es mir schwer, mich selbst davon zu überzeugen, dass meine Routine ähnlich harmlos war wie die neueste BRIGITTE-Diät.

Allmählich machte ich mir Sorgen, dass ich – wenn niemand kontrollierte, dass ich zumindest ab und zu aß – schon bald ein unschönes Ende finden könnte. Meine Magersucht hatte sich schlecht auf meinen Kreislauf ausgewirkt, und nicht selten fühlte ich mich kurz davor, in Ohnmacht zu fallen. Was, wenn ich eines Tages umkippte, mir den Kopf an meinem Esstisch (den ich damals vorrangig zum Puzzeln nutzte) stieß und niemand da sein sollte, um mir zu helfen? Ohne Zweifel würde ich nach mehreren Tagen von den Nachbarshunden gefunden werden, die mich kurz beschnuppern und sich dann wohl denken würden: »Er ist viel zu mager. Komm, wir gehen zu der alten Schauspielerin im zweiten Stock, bestimmt ist sie um einiges saftiger!«

In meinem neuen Wiener Leben hatte ich keine Bekannten, die mich als »dicken Michi« in Erinnerung hatten, die ich mit meiner neu gefundenen Schlankheit beeindrucken musste. Meine neuen Freunde interessierte es nicht die Bohne, ob und was ich gegessen hatte, und ich bezweifelte, dass meine Professorin meine Eltern anrufen würde, weil sie mich für zu dünn hielt. Mir fehlte hier einfach der Ansporn, immer noch dünner zu werden.

So endete meine Magersucht auf ähnlich verwirrende Weise wie das Serien-Finale der *Sopranos*: Gerade als ich dachte, dass gleich etwas Megaspektakuläres passieren würde, war das Drama einfach aus. Mir war, als wäre mein Teufelskreis an weggelassenen Mahlzeiten, täglichem Wiegen und frechen Lügen einfach nur ein unangenehmer Albtraum gewesen.

Natürlich wäre es gelogen zu behaupten, dass meine Essstörung gar keine Spuren an mir hinterließ. In den kommenden Monaten ernährte ich mich, als wäre ich ein Astronaut, der gerade vom Mond zurückgekehrt war und kulinarischen Aufholbedarf hatte. Bei Ausflügen in den Supermarkt kaufte ich immer so viel, als würde ich mich auf einen Hurricane vorbereiten, und vertilgte meine Beute gerne mal innerhalb von 24 Stunden.

Obwohl es toll war, dass ich endlich wieder mehr zu mir nahm, musste ich mir eingestehen, dass so zu essen, als würde ich einen Guinness-Rekord aufstellen wollen, auch nicht ganz normal war. Es dauerte zwar, aber nach einiger Zeit verfügte ich wieder über ein Essverhalten, das niemand als »besorgniserregend« bezeichnen sollte.

Gleichzeitig musste ich lernen, mit den Kommentaren zu meiner neuen Figur umzugehen. Immer wenn ich Freunde und Bekannte traf, hörte ich: »Michael, du hast endlich zugenommen. Juhu!« Ich musste mich dann sehr zusammennehmen, um ihnen nicht hasserfüllt »Ich hoffe, dein Auto überschlägt sich!!!« ins Gesicht zu brüllen. Ich hatte die Gewichtszunahme so lange gefürchtet, dass ich nicht auf Anhieb verstand, dass nun ein paar Kilo mehr auf der Waage ein Kompliment wert sein sollten. Abgesehen davon halte ich es noch immer für eine inoffizielle Todsünde, ungefragt irgendetwas über das Gewicht einer anderen Person herauszutrompeten. *Ich weiß, dass ich zugenommen habe, Teresa, aber danke, dass du es durch die Lobby unseres Hotels gebrüllt hast.*

Hier eine gute Regel: Habt ihr eine Meinung zum Aussehen einer anderen Person, die deutlich von »Heute siehst du aber gut aus!« abweicht? Ist die Aussage, die euch auf der Zunge liegt, vielleicht sogar eher negativ? Ich weiß, dass ihr das dringende Bedürfnis habt, diesen Gedanken mit der Welt zu teilen, aber hier ein Alternativvorschlag: Flüstert eure ungefragte Meinung in eine Muschel und werft sie in den Ozean, denn dort gehören sie beide hin.

Mittlerweile sind viele Jahre vergangen und meine Essstörung ist zu etwas geworden, das mir allerhöchstens einfällt, wenn ich während des Sommerlochs reißerische Themen für YouTube-Videos brainstorme. Ein bisschen betrübt denke ich dann zurück an all die Mahlzeiten, die ich ausgelassen, und all die Freunde, die ich belogen habe. Und dennoch bin ich dankbar, dass mir diese Erfahrung eine wichtige Lektion erteilt hat, an die ich mich bis heute halte: Ich werde vermutlich nie zum Anführer eines Flashmobs. Aus diesem Grund ist es absolute Zeitverschwendung, komplizierte Tänze einzustudieren. Es zahlt sich einfach nicht aus.

Illusionen der Großartigkeit

Abgesehen davon, dass gute Lügen einem aus der Patsche helfen können und womöglich ein besseres Schauspieltraining sind als das Max-Reinhardt-Seminar, bin ich der Meinung, dass eine schöne Lüge auch Wunder für das Selbstbewusstsein wirkt. Diese Erkenntnis kam mir, als ich im Wohnzimmer einer österreichischen Astrologin Platz nahm, um mir meine Zukunft voraussagen zu lassen.

Madame Mystique, wie ich sie an dieser Stelle nennen werde, begann unsere Stunde damit, nach meinem Geburtstag, der genauen Geburtszeit und meinem Geburtsort zu fragen. Anschließend tippte sie dann alles in ihren Computer ein – ein klares Indiz dafür, dass ich diesen Prozess wahrscheinlich auch ganz einfach und kostenlos von zu Hause aus hätte erledigen können.

Sie lieferte mir daraufhin eine ziemlich genaue Beschreibung meiner Person. Damit sollte ich mich selbst und meine Handlungen besser verstehen lernen. Diese Charakteristika waren so exakt, dass ich wirklich nicht ausschließen kann, dass Madame Mystique vorab all meine Videos gebingewatched und dann mein erstes Buch im Schnelldurchlauf gelesen hat. Bestimmt war sie einfach nur eine sehr gute Lügnerin.

Ihr merkt vielleicht, dass ich diesem Hokuspokus ein bisschen kritisch gegenüberstehe. Als jemand, der seit über 10 Jahren so intensiv Informationen über sich selbst ins Internet stellt, als wolle er unbedingt, dass russische Hacker sich seine Identität klauen, halte ich es wirklich für kein schweres Kunststück, herauszufinden, wie ich so drauf bin. Aber gut, ich wollte mal nicht so kritisch sein. Vielleicht waren diese Informationen Madame Mystique tatsächlich vom Wind zugeflüstert worden (oder wie auch immer ihr magischer Prozess funktioniert).

»Nun, Sie sind natürlich sehr harmoniebedürftig und tun sehr viel, damit die Menschen in Ihrem Umfeld Sie mögen und sich alle miteinander vertragen«, sagte sie, und wir beide wussten natürlich sofort, ohne, dass sie es aussprechen musste, was sie damit meinte: Lügen. Madame M. sprach auch über meine Kreativität und die Tatsache, dass ich besonders beruflich andere Wege gehen möchte als meine Freunde.

»Sie wollen bestimmt keinen klassischen Nine-to-five-Job, oder?« Nein, eher möchte ich einen 12:30-bis-13:30-Job, das haben Sie richtig erkannt. Alles, was sie sagte, war sehr wahr, aber für mich in etwa so schockierend wie ein Tim-Burton-Film mit Johnny Depp in der Hauptrolle. Zumindest, bis Madame Mystique einen ganz besonderen Aspekt meiner Persönlichkeit ansprach.

»Na ja, und dann wäre da natürlich auch noch Ihr Größenwahn ...«, sagte sie in dieser koketten Stimmlage, die alle ÖsterreicherInnen bestimmt von Madame Mystiques zahlreichen TV-Auftritten kennen. Wie bitte? Mein Größenwahn? All die Jahre hatte ich mich selbst als jemanden betrachtet, der von niedrigem Selbstwertgefühl geplagt war – nun musste ich erfahren, dass ich offenbar größenwahnsinnig war?

»Mit Verlaub, Madame Mystique, aber ich würde mich wirklich

nicht als größenwahnsinnig bezeichnen«, wandte ich ein. »An der Uni hatte ich regelrecht Probleme damit, mich zu Wort zu melden, wenn mehr als 15 Leute in einer Vorlesung saßen, aus Sorge, alle könnten herausfinden, wie ungebildet ich eigentlich bin.«

»Das meine ich damit auch nicht«, erklärte sie mir. »Natürlich gibt es Bereiche, in denen Sie unsicher sind, aber sobald Sie das Gefühl haben, dass Sie sich gut auskennen, haben Sie eine wahnsinnig hohe Meinung von sich selbst und reden sich ein, dass Sie der Meister in Ihrem Feld sind! Das ist nicht immer wahr, aber durchaus eine gute Lebenseinstellung!«

Wurde mir gerade vorgeworfen, dass ich mich selbst anlüge? Dass ich mir einrede, ich sei absolut brillant, obwohl das gar nicht stimmt? Das war mir völlig neu, und ich spielte kurz mit dem Gedanken, meine 50 € von dieser Betrügerin zurückzuverlangen, die von den Freunden, die sie mir empfohlen hatten, völlig zu Unrecht als »Everybody's Starling« bezeichnet wurde. Mein Starling war sie nach dieser Aussage definitiv nicht.

Ein paar Tage später dämmerte mir jedoch, dass Madame Mystique natürlich absolut recht hatte. Da Größenwahn ein bisschen so klingt, als hätte ich vor, mehrere Länder zu erobern, endlich die Weltherrschaft an mich zu reißen und die Todesstrafe flächendeckend für jeden einzuführen, der auf Rolltreppen auf der falschen Seite steht, bevorzuge ich den Begriff, den man im Englischen für dieses Phänomen kennt: *Delusions of grandeur*, also – frei nach Michi übersetzt – Illusionen der Großartigkeit.

Wenn ich zurückdenke, gab es einige Momente in meinem jungen Leben, in denen ich mich – oft völlig zu Unrecht – für wahnsinnig großartig hielt. Zum Beispiel im Alter von 15 Jahren, als ich den Entschluss fasste, meinen eigenen YouTube-Kanal zu starten, auf dem ich dann hauptsächlich Lehrer und andere Mitmenschen in bitterbösen, selbst geschriebenen Sketchen parodieren wollte.

Viele Menschen spielen an einem Punkt ihres Lebens mit dem Gedanken, einen Blog zu schreiben, ihren eigenen Podcast zu produzieren oder ein Buch zu veröffentlichen. Diese kreativen Köpfe stellen sich dann irgendwann die Frage, ob ihre Ideen wirklich die Welt bereichern oder auch nur eine einzige Person interessieren würden. Für die meisten lautet die Antwort darauf »Nein«, und sie verwerfen ihre Ideen schneller als ich damals meinen »Einen Monat ohne Zucker!«-Plan (der nach drei Stunden damit endete, dass ich vor Wut zuerst meinem Freund gegen das Schienbein trat und dann eine Zimtschnecke verdrückte).

Auch ich stellte mir kurz die Frage, ob die Menschheit wirklich einen YouTube-Kanal von einem österreichischen Schüler vom Land brauchte. Die Antwort war schnell gefunden: JA! Aber hallo?! Natürlich! Die Gesellschaft braucht mich, *ich bin die Stimme meiner Generation und die Menschen werden von meiner einzigartigen Weltanschauung profitieren!* So oder so ähnlich lautete wohl mein innerer Monolog damals.

So richtig brachte meine Internet-Karriere aber erst unsere neue Englischlehrerin Frau Wölfer ins Rollen. Ich war für gewöhnlich sehr respektvoll gegenüber Autoritätspersonen und neigte dazu, die Meinung meiner Lehrer nicht in Frage zu stellen. Vermutlich hätte ich sogar brav mitgeschrieben, hätte uns unsere Geographielehrerin erklärt, die Welt wäre eine Scheibe und würde insgeheim von den Illuminaten regiert.

Aber Frau Wölfer machte es mir sehr schwer, ihre Aussagen zu glauben.

Obwohl sie definitiv ein Herz aus Gold hatte und sehr bemüht war, neigte sie dazu, sämtliche Worte der englischen Sprache in ihrem faux-britischen Akzent falsch auszusprechen. Das Wort »conscious« reimte sich bei ihr mit »excuse«, und sie dachte, »also« wäre das englische Wort für »also«. Oft verwies sie auf den »Use of English«, der in ihrer Aussprache allerdings zu »Yussuf Inglisch« – möglicherweise einem israelischen Country-Sänger – wurde.

Egal, ob sie behauptete, das FBI wäre ausschließlich in Großbritannien im Einsatz, oder mutmaßte, dass »Indie Rock« indischer Rock sei; ich fand ihre Unterrichtsstunden tragikomisch. Selbst ich, der definitiv nicht das hellste Licht im Hafen war, wusste, dass viele Dinge, die sie uns beibrachte, einfach nicht stimmten.

Das Fass lief schließlich über, als wir im Unterricht eine Geschichte lasen, deren Hauptfigur »LeAnne« hieß. Frau Wölfer bestand darauf, dass die korrekte Aussprache von »LeAnne« »Lini« lautete. Nicht nur das; sie korrigierte auch sämtliche Schüler, die es wagten, diesen Namen richtig vorzulesen. Auch das groß geschriebene »A« war für sie kein Indiz dafür, dass sie vielleicht auf einer falschen Fährte war.

Hatte sie denn wirklich noch nie von der zu diesem Zeitpunkt unheimlich beliebten County-Sängerin LeAnn Rimes gehört? Vermutlich dachte sie, ihr Name würde »Lien Reimés« ausgesprochen.

Ich entschied, dass es an der Zeit war, mein erstes YouTube-Video zu drehen. Die Welt musste erfahren, dass hier eine Lehrerin auf freiem Fuß war, die die englische Sprache malträtierte. In Windeseile fertigte ich ein Skript für einen Sketch an, in dem die besten von Frau Wölfers Fehlaussprachen zur Schau gestellt wurden.

Für keine Sekunde kam mir derweil in den Sinn, dass es

womöglich eine schlechte Idee war, mein erstes YouTube-Video gegen eine Lehrperson zu richten. Ein normaler Mensch hätte vielleicht über die Idee geschmunzelt und sie dann gleich wieder verworfen, doch mein Größenwahn sagte mir, dass es fatal wäre, diesen Schenkelklopfer-Traum der Welt vorzuenthalten.

Und so hieß es: Lights, Camera, LeAnne! Ich rechnete natürlich nicht damit, dass sich aus diesem einen Sketch aus dem Jahr 2009 eine Internet-Karriere ergeben sollte, die bis zum heutigen Tag sämtliche Menschen, die älter als 40 sind, heillos verwirrt und sie vermuten lässt, dass ich mein Geld mithilfe von Webcam-Shows verdiene.

Aber das ist das Schöne daran, wenn man seine Selbstzweifel über Bord wirft und seine merkwürdigsten Ideen einfach mal umsetzt – man weiß nie, was sich daraus ergeben wird.

Ich würde behaupten, dass die meisten kreativen Unterfangen, die ich wage, nicht fruchten, weil sie sonderlich gut sind, sondern weil meine *Delusions of grandeur* mir helfen, meine Schnapsideen wie mit Blattgold verzierte Schnapspralinen zu betrachten.

Ähnlicher Hokuspokus muss wohl auch im Spiel gewesen sein, als ich mich vor einiger Zeit entschied, meinen Nonsens, den man sonst nur aus dem World Wide Web kennt, in einem Kabarettprogramm auf die Bühne zu bringen. Als Stand-up-Comedy-Fan, dachte ich mir während einiger Auftritte im Publikum: »Das kann ich auch!«

Muss ich an dieser Stelle überhaupt erwähnen, dass »Das kann ich auch!« natürlich die größte Lüge aller Zeiten ist, die vor allem von Kritikern moderner Kunst propagiert wird? Was in aller Welt in mich gefahren war, als ich mir selbst einredete, ich könne mir nichts, dir nichts einfach so vor Hunderten Menschen auf der

Bühne stehen und lustige Dinge erzählen, ist mir ein größeres Rätsel als der DaVinci-Code.

Schon bald hatte ich eine Agentur gefunden, die mir zu meinem ersten Auftritt verhalf: In einem kleinen Wiener Kabarett wurde ein Solo-Stand-up-Abend für mich gebucht, bei dem ich mein Publikum für 70 Minuten lang bespaßen durfte. Kurz nach Vertragsunterzeichnung machte sich in mir die Sorte Unwohlsein breit, die ich sonst nur nach dem Verzehr einer üppigen mexikanischen Mahlzeit empfinde.

Richtig gelesen: Wenngleich mein Größenwahn – wie Madame Mystique das nennt – mich bislang immer angetrieben hatte, zeigte ich mich, nun da es kein Zurück mehr gab, überraschend unsicher und hatte eine lange Liste an Bedenken, die länger war als meine »Liste an Desserts, die ich gerne mal essen möchte«:

- 70 Minuten? Fangen die meisten Stand-up-Comedians nicht erst mal vorsichtig mit fünf Minuten in einer Mixed Show an, schauen, was funktioniert, und verbessern sich dann langsam?
- Ich rede gerne, aber könnte es sein, dass mir nach einer Stunde Monolog die Stimme wegbleibt und ich dann mit Hilfe von einem Gebärdendolmetscher mit meinem Publikum kommunizieren muss, ähnlich wie diese stumme Lady in *Shape of Water* mit dem Fisch-Mann kommuniziert?
- Schweiß! Nicht selten passiert es mir, dass ich aufgrund von Nervosität so sehr schwitze, dass die Leute mich fragen, ob ich gerade aus der Dusche komme.
- Was, wenn niemand lacht?
- Oder was, wenn alle lachen, aber nicht mit mir, sondern über

mich, weil ich schwitze wie ein Schwein und nicht merke, dass mein Hosenstall offen steht?

Je mehr ich darüber nachdachte, desto unsicherer wurde ich. Ich erinnerte mich an mein allererstes Mal auf einer Bühne. Damals, im Alter von fünf Jahren, bei der großen Muttertagsfeier des Kindergarten Müllendorf. Gemeinsam mit den anderen Kindern kletterte ich auf die Bühne, um unseren Müttern ein Ständchen zu singen. Doch als ich den gut gefüllten Raum von der Bühne aus sah, wurde mir sofort flau im Magen. Wir hatten kaum angefangen zu singen, als ich vor allen Zuschauern in Tränen ausbrach. Meine Mutter tauchte mit ausgebreiteten Armen am Rand der Bühne auf und rettete mich aus meiner Misere.

Das würde wohl diesmal nicht funktionieren. Kurz spielte ich mit dem Gedanken, wieder die Hilfe von Madame Mystique in Anspruch zu nehmen, entschied mich dann aber dagegen. Das Letzte, was ich in diesen unsicheren Zeiten brauchte, war eine aufgescheuchte Astro-Tante, die für 50 € mal kurz in ihre Kristallkugel schaute und mir dann sagte: »Aha, aha, Sie sind sehr nervös!«

Stattdessen machte ich mit ihr einen Termin unmittelbar nach meinem ersten Auftritt aus.

Nach einem Monat, den ich vor allem damit verbrachte, ständig dramatisch aufzuseufzen wie ein Teenager in einem Sofia-Coppola-Film, war der Tag meines ersten Auftritts gekommen. Dieses Mal würde meine Mutter nicht im Publikum mit Nutellabroten warten.

Doch ähnlich wie die meisten Dinge, die ich mir absolut fürchterlich vorstelle (wie Autofahren in Großstädten, das Öffnen von kürzlich geschüttelten Champagnerflaschen und Interaktionen aller Art mit Clowns), war auch mein erster Stand-up-Auftritt halb so wild.

Keine einzige meiner Sorgen wurde Wirklichkeit, und überrascht musste ich feststellen, dass es stimmt, was alle Bühnenmenschen immer erzählen: Steht man auf einer Bühne, so sieht man aufgrund der Scheinwerfer wirklich absolut niemanden im Publikum. Mir war, als würde ich einfach zu Hause sitzen, meinen üblichen Nonsens in meine Kamera lallen und ab und an ein paar Lacher hören.

Wobei »ein paar Lacher« womöglich eine kleine kokette Untertreibung ist. Mein Publikum war überaus lachfreudig und, wie ich vermute, ob des späten Beginns meines Programms schon ein bisschen beduselt. Selbst über Scherze, die wirklich gar nicht so lustig waren, schütteten sie sich aus vor Lachen, als hätte ich gerade den Gag des Jahrhunderts aus einem Hut gezaubert. Ich liebte jede Sekunde, und ob der positiven Rückmeldung an diesem Abend überkam mich ein wohliges Gefühl, das ich sonst nur spüre, wenn ich an der Tankstelle ein bisschen zu tief einatme.

Wenngleich ich dieses Mal tatsächlich mit dem Wechselspiel aus Größenwahn und Selbstzweifeln zu kämpfen hatte, war ich einmal mehr froh, dass ich mich durch diese nervigen Meckerstimmen in meinem Kopf nicht von meinem Vorhaben hatte abhalten lassen.

Die Lektion meiner Geschichte ist wohl offensichtlich: Wenn ihr etwas tun wollt, dann macht es einfach. Lasst euch nicht von der kritischen Stimme in eurem Kopf beirren, und redet euch notfalls ein, dass ihr absolut großartig seid, um euer Vorhaben in die Realität umzusetzen. Es wird euch den letzten Nerv rauben, euren Träumen nie eine Chance gegeben zu haben.

Und selbst wenn es ein absoluter Reinfall wird, könnt ihr

wenigstens völlig defensiv sagen: Hey, es war mein erstes Mal! Ich bin hier, um zu lernen, und das nächste Mal wird sicherlich besser.

Die wahre Überraschung bei meinem ersten Kabarettauftritt kam aber erst, als ich nach dem Schlussapplaus die Bühne verließ und hinter den Kulissen einen Blick in das Foyer des Theaters wagte. Dort sah ich sie, wie sie sich gerade ihren Mantel schnappte und hastigen Schrittes in die Tiefen der Nacht verschwand: Madame Mystique!

Es kann natürlich sein, dass die magische Madame Mystique eine wahre Comedy-Liebhaberin ist und ihr hart erhextes Geld am Ende des Monats gerne dafür ausgibt, endlich mal wieder so richtig lachen zu können. Was ich aber für viel wahrscheinlicher halte: Madame Mystique wusste tatsächlich nur so viel über mich, weil sie sich vorab ausgiebig informiert hatte, und nun sogar meinen Auftritt besuchte, um bei unserem nächsten Termin mit weiteren Einblicken in meine Seele brillieren zu können. Ich war ein bisschen schockiert, aber nicht überrascht. Ihr wisst ja, was sie über Lügner sagen: It takes one to know one!

Ich bin dann mal weg

Als leidenschaftlicher Lügner liebe ich nichts mehr als einen guten polnischen Abgang. Der besteht darin, eine Party klamm- heimlich zu verlassen, ohne sich von den übrigen Gästen (und vor allem dem Gastgeber) zu verabschieden, und wird von vielen als absolutes No-Go angesehen. Ich dagegen bin starker Befürworter des polnischen Abgangs und werde ihn, sollte ich je in die Politik gehen, in mein Parteiprogramm aufnehmen.

Wir alle sollten mehr polnische Abgänge machen – ich halte es eher für eine Unart, es nicht zu tun. Auf großen Feiern hat niemand etwas davon, wenn ich jede einzelne Person, mit der ich über den Abend interagiert habe, aufsuche und sie aus ihrem angeregten Gespräch befreie, nur um mitzuteilen, dass ich – ohne Zweifel die wichtigste Person auf der ganzen Party – nun gehe!

So eine Abschiedsrunde dauert ihre Zeit und wird mit Vorliebe von Betrunkenen erschwert, die dir lallend erklären, dass du jetzt doch unmöglich gehen kannst, da es erst vier Uhr ist und jetzt gleich kollektiv Bier aus Trichtern getrunken werde – meiner Mei- nung nach zwei weitere Argumente dafür, die Party schneller zu verlassen als die sinkende Titanic.

Jahre habe ich damit verbracht, meine polnischen Abgänge zu perfektionieren. Die Kunst besteht vor allem darin, es unbemerkt an Leuten, die deinen Abgang verhindern wollen, vorbei zu schaffen. Das fühlt sich nicht selten an wie bei Pinky und Brain, die im Rahmen einer geheimen Mission an einem laut schnarchenden Gefängniswärter vorbeimüssen.

Ein beliebtes Ablenkmanöver von mir ist, laut »Wo sind denn hier die Toiletten?« zu fragen, während ich theatralisch mit den Händen herumfuchtele, wie ein verwirrter Tourist auf der Suche nach günstigen Souvenirs. Wenig später schnappe ich klammheimlich meinen Mantel und verschwinde durch den nächsten Ausgang.

An entspannteren Abenden entschuldige ich mich dagegen einfach oft mit Worten wie: »Bitte entschuldigt mich – ich gehe mal eben ein gutes altes Lungen-Sandwich qualmen! Wo sind meine Ziggies?« Eventuell verrät mein Vokabular dabei jedoch, dass ich schon seit Jahren keine Zigarette mehr geraucht habe. Wie Houdini verschwinde ich so spurlos von jeder Party, nur um schon wenige Momente später mit einem Eimer Chicken Wings in der einen Hand und meiner Fernbedienung in der anderem auf meinem Sofa wieder aufzutauchen. Magie? Nein, wenig Skrupel und ein Status als »geschätzter Kunde« bei *Kentucky Fried Chicken*. Heute möchte ich euch von einem polnischen Abgang erzählen, auf den ich besonders stolz bin: ein Meisterwerk der Täuschung, bei dem sich selbst David Copperfield am Kopf kratzen und verwirrt fragen würde, wie dieser magische Michael das bloß angestellt hat. Hört gut zu und macht euch Notizen; es geschah wie folgt:

Jahr für Jahr lädt unser Bekannter Tim meine gute Freundin Lena und mich zu seinem Geburtstagsfest ein. Tim ist ein lupenreiner Narzisst, der gerne mal Mottopartys schmeißt, zu denen jeder als seine »liebste Version von Tim« verkleidet kommen muss. Deshalb würde ich jedes Jahr gerne so kommen, wie ich Tim am meisten mag: gar nicht.

Ich möchte nicht herzlos wirken. Ich bin sicher, Tim hat seine Qualitäten. Es ergibt nur absolut keinen Sinn, dass er uns immer und immer wieder auf seine Partys einlädt, da wir uns kaum kennen. Ich habe vor Jahren mit Lena und ihm gemeinsam einen Kurs an der Uni belegt. Wir haben das gesamte Semester über kein einziges Wort miteinander gewechselt.

Seitdem sah ich Tim allerhöchstens einmal im Jahr – nämlich auf seinen Partys. Auch dort sprachen wir kaum miteinander. Ich kam mir vor wie ein Publikumsgast in einer Show namens »Total Tim!«.

So beschloss ich, fortan einfach nicht mehr auf seine Partys zu gehen. Als mich vor Kurzem eine Facebook-Einladung zu Tims »Dirty-Thirty-Geburtstags-Spektakel« erreichte, klickte ich so schnell auf »Nicht teilnehmen«, als handle es sich dabei um eine Einladung zu einem Meet&Greet mit Adam Sandler. Aus meinem geliebten Word-Dokument mit dem Titel »Ausreden.doc« suchte ich wahllos einen Grund für mein Fernbleiben, copy + paste, fertig.

»Ich kann leider nicht kommen, da ich in Tschechien bin!«, schrieb ich in die Veranstaltung. Tschechien langweilt die Leute in der Regel so sehr, dass niemand nach Details fragt. Erleichtert strich ich diesen Punkt von meiner To-do-Liste und widmete mich wieder meinem Projekt des Tages: Mit Kleber, Schere und Magazinen bewaffnet Fotomontagen für mein Vision Board (bestehend aus Szenarien, die – wenn es nach mir geht – eines Tages Realität werden sollen) anzufertigen.

Ich war gerade dabei, mit Klebstoff ein Bild meines Kopfes auf ein Foto von Malala zu kleben, wie sie ihren Friedensnobelpreis erhält, als mein Handy klingelte. Am Apparat war Lena, die um einiges mehr Anstand hat als ich.

»Du bist nicht wirklich in Tschechien, oder?«, fiel sie sofort mit der Tür ins Haus.

»Doch, natürlich, das habe ich dir doch nun schon mehrmals erzählt.« Ein subtiler Vorwurf adelt jede gute Lüge.

»Spannend … in welchem Teil von Tschechien wirst du denn genau sein?«

Ach Mist. Tschechien war offenbar so langweilig, dass nicht mal ich etwas darüber wusste. Meine Hände waren zu klebrig, um schnell »Städte in Tschechien« googeln zu können.

»Da und dort …«, antwortete ich stattdessen. »Es ist eine Tschechien-Rundreise. Wir fangen im Norden an und fahren bis in den exotischen Süden!«

»Michael, niemand macht Tschechien-Rundreisen«, fiel mir Lena ins Wort, »und selbst wenn, würde man dann nicht im Süden anfangen, wo die österreichische Grenze ist?«

Meine gigantische Wissenslücke brach dieser Lüge leider das Genick, und so beschloss ich, sie zu verwerfen. »Okay, okay, ich werde an diesem Tag in Wien sein«, gestand ich. »Ich möchte nur einfach nicht auf Tims Party. Es ist jedes Jahr dasselbe. Wir haben beide keine Lust und gehen dennoch immer wieder hin.«

Lena schwieg für einige Sekunden, die sich wie Minuten anfühlten. »Michael, Tim hat nicht so viele Freunde«, sagte sie schließlich, »und es ist sein dreißigster Geburtstag. Würde es dich umbringen, nur ganz kurz vorbeizukommen? Für eine Stunde?«

Ich warf einen verstohlenen Blick auf meine Collage. Ich würde wohl nie den Friedensnobelpreis gewinnen, wenn ich weiterhin so gehässig war. Mich völlig selbstlos um einen Typen an seinem Geburtstag zu kümmern, schien mir genau wie die Sorte Image-Aufbesserung, die ich dringend notwendig hatte.

»Okay, ich komme mit ...«, antwortete ich schließlich schicksalsergeben. Ob ich den Tschechien-Urlaub wohl noch stornieren kann?, fragte ich mich, bis mir dämmerte, dass es nie einen Tschechien-Urlaub gegeben hatte.

»... aber ich werde ihm sicher nichts schenken!«

»In der Einladung steht auch, man soll keine Geschenke mitbringen, aber Bargeld. Ob es wohl einen Stripper geben wird?«, rätselte Lena.

Wenn es dort einen Stripper geben sollte, würde ich mich an Ort und Stelle anzünden. Ich gab einen kolossalen Seufzer von mir. Was tut man nicht alles für ein bisschen Frieden auf dieser Welt?

Bereits eine Woche später betrat ich gemeinsam mit Lena Tims Wohnung und hatte mich sogar als meine liebste Version des Geburtstagskindes verkleidet: die Version, die bereits drei Bier in Vorbereitung auf einen anstrengenden Abend mit Möglichkeit auf Strip-Einlagen getrunken hatte.

»Michael«, rief Tim aufgeregt, als er mich erspähte. »Was bin ich froh, dass du deinen Tschechien-Urlaub verschieben konntest!« Diese Lüge brachte wirklich nichts als Unheil mit sich. Nun wirkte es zu allem Überfluss so, als hätte ich extra einen Urlaub verschoben, um Tims Party ja nicht zu verpassen.

Dafür, dass Lena gesagt hatte, dass Tim nicht viele Freunde hatte, war die Party gut gefüllt – ich entschied kurzerhand, das Beste daraus zu machen, und sicherte mir die Poleposition am Buffet. Ich hatte mir gerade erst den Teller richtig vollgeladen, als Tim mit einem Messer gegen sein Glas schlug, um zu signalisieren, dass er nun eine Ansprache halten würde. So, wie ich Tim kannte, würde diese Rede bestimmt 45 Minuten dauern, und so machte ich es mir schon mal auf dem Sofa bequem.

»Ich möchte euch allen danken, dass ihr heute gekommen seid«, leitete der Gastgeber ein, »und nun den wirklich spaßigen Teil des Abends einleiten!« Meine Augen schnellten in Richtung der Tür, durch die sicherlich gleich eines der sechs Mitglieder der Village People stürmen und für uns alle strippen würde.

»Wie einige bereits wissen, ziehe ich demnächst in eine neue Wohnung«, fuhr Tim fort, »und ich möchte euch darauf hinweisen, dass das meiste meiner aktuellen Einrichtung, die ihr hier seht, heute Abend käuflich zu erwerben ist!«

Ich prustete unkontrolliert los. Wer hätte gedacht, dass Tim solch einen trockenen Humor hatte?

Leider bemerkte ich viel zu spät, dass ich der Einzige im Raum war, der schallend lachte. Tims fassungslose Miene galt ganz allein mir. Das war doch nicht sein Ernst ... oder? Panisch warf ich einen genaueren Blick auf das Sofa, auf dem ich saß. Direkt neben meinem Gesäß war ein Sticker mit der Aufschrift »120 € VB« angebracht. Liebe Leserinnen, liebe Leser: Es war kein Witz! Was sich in den darauffolgenden Momenten abspielte, konnte ich einfach nicht glauben. Während ich mich soeben noch auf einer (für Tims Verhältnisse) normalen Geburtstagsparty befand, verwandelte sich unser Gastgeber nun in einen Moderator des Home-Shopping-Networks.

Vor allen anwesenden Gästen führte Tim vor, wie einfach der Fernsehsessel in eine Liegeposition gebracht werden konnte, und wies darauf hin, dass sämtliche Möbel – da Nichtraucher-Haushalt – praktisch neuwertig waren. »Es wäre mir wirklich geholfen, wenn alle von euch über den Kauf eines Stücks nachdenken würden ... selbst wenn es nur eine Kaffeetasse ist!«

Mein Blick traf den von Lena, die ihren Pappbecher verdächtig nahe vor ihrem Mund hielt, vermutlich, um möglichst unbemerkt kichern zu können. Von all den anstrengenden Feten, die Tim je geschmissen hatte, bildete dieser Tupperparty-Verschnitt den absoluten Höhepunkt der Dreistigkeit. Ich traute meinen Augen nicht, als vereinzelte Gäste mit mitleidigem Blick ihre Portemonnaies zückten und tatsächlich Geld für Lampen, Küchengeräte und DVDs auf den Tisch legten. Wer lädt Leute unter dem Vorwand einer Geburtstagsparty zu sich nach Hause ein und fängt dann an, Einrichtung zu verkaufen? Na wer wohl? Tim! Frieden hin oder her: Ich musste dringend weg von hier.

Da die Musik mittlerweile verstummt war und Tim ganz genau im Auge behielt, ob seine Gäste brav nach Kleingeld kramten, um ihm seinen Krempel abzukaufen, war es definitiv ein sehr schlechter Moment, um unbemerkt aus der Tür zu verschwinden. Kurz spielte ich mit dem Gedanken, mir eine langwierige Ausrede aus den Fingern zu saugen. Sollte ich behaupten, dass ich zu viele Shrimps gegessen hatte und mir jetzt übel war? Sollte ich einen zweiten Termin für heute Abend erfinden, der mir jetzt erst eingefallen war? Oder sollte ich einfach ehrlich sein und zugeben, dass zu Hause ein Vision Board auf mich wartete, das fertiggestellt werden musste?

Nein. Tims Aktion war dreist, also sollte mein polnischer Abgang noch viel dreister werden. Einmal habe ich gelesen, dass die beste Methode, Ladendiebstahl zu begehen, darin besteht, einfach einen Stapel Bücher in die Hand zu nehmen und damit selbstsicher aus dem Laden zu spazieren, als wäre es dein gutes Recht, Waren im Wert von insgesamt 200 € zu entwenden.

Also stand ich auf, ging zielsicher in Richtung der Garderobe und tat so, als würde ich in meinem Mantel nach meinem Geld kramen. Dann schnappte ich mir schnell den Mantel und verschwand wortlos aus der Tür.

Wie es das Schicksal so wollte, lebte Tim unweit von einer Kentucky-Fried-Chicken-Filiale, und wenige Momente später kehrte ich auch schon in meinen sicheren Hafen ein. Wie der Verräter, der ich bin, hatte ich Lena einfach zurückgelassen. »Bin bei KFC, falls du auch kommen willst!«, schrieb ich ihr per SMS. Es dauerte ganze 30 Minuten, bzw. einen halben Eimer Hot Wings, bis meine Freundin völlig erschöpft hereingestapft kam.

»Ich dachte, Tims Partys könnten nicht schlimmer werden, aber diese hat einfach alles getoppt!«, begrüßte ich sie mampfend. »Ist es zu fassen?«

Lena blickte sauer drein. »Nein, aber noch weniger kann ich es fassen, dass du mich einfach so zurückgelassen hast!«

»Hey, in Extremsituationen ist jeder auf sich allein gestellt! Sei doch froh, dass du entkommen konntest, ohne was kaufen zu müssen«, verteidigte ich mich.

Lena verzog schmerzerfüllt ihr Gesicht.

»Was? Was ist denn?«, wollte ich wissen.

»Aus ihrer Tasche holte sie die hässlichste Vase, die ich je gesehen habe. Diese Ungestalt zierte eine verzerrte, äußerst gruslige Fratze, und die Ohren dienten als Henkel. »30€!«, seufzte Lena. »Aber das ist vermutlich ein kleiner Preis für die Freiheit!«

Zum Glück konnte sie mit mir darüber lachen. Was für ein wahnsinnig absurder Abend! Nachdem wir fertig gegessen hatten, zogen wir – mit der hässlichen Vase im Schlepptau – noch bis in die frühen Morgenstunden um die Häuser.

Bereits am nächsten Vormittag nahm ich eine kleine Ergänzung an meinem Vision Board vor. Direkt unter die Fotomontage von mir mit dem Friedensnobelpreis schrieb ich in dicken Buchstaben: Nie wieder Partys bei Tim! Mein Wunsch muss wahr geworden sein – freudig darf ich euch berichten, dass ich seit meinem Abgang an diesem Abend zu keiner weiteren Feier eingeladen wurde. Nun fehlt mir nur noch der Friedensnobelpreis.

Michi im Wunderland a.k.a.
Das Drogen-Kapitel

Obwohl ich, wie ihr mittlerweile bestimmt wisst, über große Strecken meines jungen Lebens Alkohol getrunken habe, als wäre es eine olympische Disziplin, für die ich gerade trainierte, ziehe ich meine persönliche Rauschmittel-Grenze dieser Tage bei allem, was stärker ist als ein besonders herber Espresso. Doch das war nicht immer der Fall.

Wie die meisten Jugendlichen, die zu viel Zeit und zu wenig Selbstbewusstsein haben, hatte ich früher das dringende Bedürfnis, Drogen auszuprobieren, und entwickelte schon bald eine »Ich nehme alles, was ich kriegen kann!«-Attitüde, wie ich sie sonst nur aus Pokémon-Spielen kannte.

Im Alter von 15 Jahren hatte ich etwa die merkwürdige Idee, eine Mitschülerin dazu anzustiften, uns Marihuana zu besorgen. Obwohl ich ein unheimlich artiger Tenager war, der sich schon schlecht fühlte, wenn er im Bus einen Schluck Wasser trank, trotz des Trinkverbot-Schilds, spürte ich zu dieser Zeit ein großes Verlangen, aus meiner braven Rolle auszubrechen.

Ich kann mir gut vorstellen, wie mein Tagebucheintrag an jenem Tag ausgesehen haben muss.

Heute habe ich geduscht, ein Pferdebuch gelesen und bin bereits nach einer halben Stunde mit meiner Mathe-Hausaufgabe fertig geworden. Meine neue Bestzeit! Ich hoffe, dabei sind mir keine Fehler passiert. Jetzt möchte ich als Belohnung gerne ein bisschen Weed blazen! #420

Mein durch Popkultur und Rap-Songs geschürtes Verlangen nach Gras wuchs stetig. Viele der Stars und Sternchen, die ich idolisierte, schwärmten davon, dass Cannabis ihnen dabei half, kreative Ideen zu schöpfen, und ich malte mir aus, dass ich bereits nach nur einem Zug eine bahnbrechende Idee für einen 400-seitigen Bildungsroman haben würde.

Zum Glück wusste ich genau, wo ich die Droge herbekommen würde. Meine Mitschülerin Tatjana wirkte streetsmart genug, um meine Komplizin in dieser geheimen Mission zu werden. Mit ihrem langen schwarzen Haar und unauffälligem Kleidungsstil war sie nicht die offensichtlichste Wahl für die Handlangerin in einem Drogenkomplott. Tatjana war ruhig, sehr bedacht und sprach meist nur, wenn sie etwas gefragt wurde – aber dann waren ihre Antworten immer clever, lustig und charmant. Außerdem imponierte es mir, dass sie in der großen Pause oftmals alleine in einer Ecke saß und seelenruhig ein Buch las, wenngleich es mit Sicherheit einige Schüler gab, die mit ihr hätten plaudern wollen. Ich dagegen schaffe es bis zum heutigen Tag nicht, mich alleine in ein Restaurant zu setzen, ohne mir dabei total blöd vorzukommen und deshalb gerne so zu tun, als würde ich auf eine Person warten, die »später kommt«. In meinen Augen war Tatjana einfach cool, und ich war sicher, dass sie mir bei meiner Mission helfen konnte, nicht zuletzt, weil ihr Bruder Daniel bekannt dafür war, Marihuana zu lieben. Diese Liebe brachte er mit T-Shirts zum Ausdruck, auf denen überdimensional große Hanfblätter zu sehen waren, die Sonnenbrillen oder Rastazöpfe trugen. Bestimmt würde er uns aushelfen können.

In der großen Pause schlich ich also eines Tages zu Tatjana, die gerade auf einem Sofa im Flur saß und nichts ahnend an ihrem Pausenbrot nagte.

»Pssst!«, zischte ich hinter vorgehaltener Hand, obwohl wir vollkommen alleine im Flur waren, und nahm neben ihr Platz, ohne sie anzusehen. Tatjana sah verwirrt aus. Zu Recht, denn ich verhielt mich wie ein absoluter Vollidiot. »Möchtest du Gras probieren?«, fragte ich sie flüsternd.

»Wie bitte? Was?«, fragte sie viel zu laut. Ich sah sie entrüstet an und bedeutete ihr, bitte leiser zu sprechen. So wie ich mich verhielt, hätte man meinen können, ich wolle Tatjana ein gestohlenes Fahrzeug andrehen.

»Na du weißt schon. Gras. Dope. Ganja. Scooby Snackz«, erläuterte ich hektisch. In Vorbereitung auf meine große Mission hatte ich bereits einige Code-Namen für Marihuana auswendig gelernt und mir den letzten sogar selbst ausgedacht.

Tatjana war entrüstet. »Nein, spinnst du? Warum würde ich das tun wollen, das ist doch illegal. Was ist überhaupt los mit dir?« Ihre Körpersprache deutete an, dass sie fliehen wollte.

»Nicht so laut!«, mahnte ich erneut, irritiert davon, dass diese Bitch ernsthaft meinen Vibe killte (im Zuge meiner Recherche hatte ich noch viele weitere neue Wörter gelernt). »Schau, Tatjana«, argumentierte ich, »wir alle wissen, dass dein Bruder ein Kiffer ist, und ich halte es für eine gute Idee, ebenfalls ein bisschen Gras zu rauchen.« Tatjana sah jetzt aus, als hätte sie etwas sehr Saures gegessen oder würde versuchen, Renée Zellweger zu imitieren.

»Die Leute sagen, wenn man Gras raucht, hat man unzählige kreative Ideen und will danach jede Menge Junkfood essen. Klingt das nicht verlockend für dich?«, fragte ich.

»Geh einfach in sein Zimmer und nimm ein bisschen was von

seinem Gras, er wird es bestimmt nicht mal merken!«, kam ich schließlich zum Punkt.

Meine Transformation war bemerkenswert: Eben hatte ich noch brav meine Hausaufgabe gemacht, und nun stiftete ich bereits eine Mitschülerin in der großen Pause dazu an, Drogen zu stehlen. Würde ich als Nächstes illegale Hahnenkämpfe in der Sporthalle veranstalten?

Tatjana überlegte kurz. »Na ja, es würde mich schon interessieren, was Daniel daran so spitze findet«, erklärte sie. »Ich werde meinen Bruder sicher nicht bestehlen, aber ich könnte ihn fragen, ob er uns was abgibt«, willigte sie ein. Ohne Zweifel wollte sie einfach nur in Ruhe ihr Käsebrötchen essen und das Gespräch beenden.

»Großartig!« Wenn alles nach Plan lief, würde ich schon in wenigen Tagen Dimensionen betreten, die ich sonst nur aus Snoop Doggs Musikvideos kannte.

Mehrere Wochen waren vergangen und ich hatte meine rebellische Phase beinahe schon wieder vergessen, als Tatjana nach der letzten Schulstunde auf mich zukam. »Michael, erinnerst du dich, als du mich vor ein paar Monaten im Flur flüsternd auf Drogen angesprochen hast?«, fragte sie. Zugegeben, wenn man es so formulierte, warf es wirklich kein gutes Licht auf mich.

»Was ist damit?«, fragte ich schnippisch.

»Ich bin jetzt bereit, das mit dir zu probieren«, sagte Tatjana, »und ich habe uns auch ein bisschen was von Daniels Gras besorgt«. BINGO!

Noch am selben Nachmittag traten Tatjana und ich gemeinsam den Heimweg an. Wir beschlossen, in einem nahe gelegenen Park in der Dämmerung unseren ersten gemeinsamen Joint zu rauchen. Hektisch befreiten wir die groben Cannabis-Knollen aus dem kleinen Plastiksäckchen, in dem sie aufbewahrt waren. Im Zuge meiner Drogen-Mission hatte ich so lange und ausgiebig im Internet recherchiert, dass ich glaubte, sämtliche Schritte des Joint-Baus mittlerweile so auswendig zu kennen wie die Tanz-schritte zu *Asereje (The Ketchup Song)*. Ich zerstampfte die Knollen mit der Rückseite meines liebsten Buntstiftes und stopfte sie in eine Zigarette, die ich von einem Mann im Park geschnorrt (Män-ner im Park sind die BESTEN!) und geleert hatte. Vor dem Entzün-den unserer Kreation musterte ich Tatjana mit einer Schwermut, als wäre es durchaus im Rahmen des Möglichen, dass einer von uns beiden diesen Drogen-Trip nicht überleben würde. »Danke für deine Freundschaft – ich wünsche dir viel Spaß. Wir sehen uns auf der anderen Seite!«, sagte ich und zündete den Joint an. Meine Erwartungen waren astronomisch und konnten natürlich nur ent-täuscht werden.

Unser selbst gebastelter Joint schmeckte absolut ekelhaft und roch wie meine Schuhe, wenn ich sie ohne Socken trage. Hektisch nahmen wir einen Zug nach dem anderen und spürten absolut gar nichts. Ich hatte erwartet, dass ich schon nach zwei Zügen ausgelassen zu *Pata Pata* tanzen und im Anschluss zu McDonald's gehen würde, wo ich mein eigenes Körpergewicht in Curly Fries essen sollte. Stattdessen saß ich gelangweilt im Park und fragte mich, ob ich es rechtzeitig zu *Zwei bei Kallwass* nach Hause schaffen würde. Wo blieben denn nun die unzähligen kreativen Ideen, auf die ich gehofft hatte? Der Drogenrausch und die damit einherge-hende Inspiration blieb aus.

Ich hatte wohl nicht ausgiebig genug über die Effekte von Marihuana recherchiert, sonst hätte ich wissen müssen, dass die Droge in der Regel nicht eine Sekunde nach Konsum ihre Wirkung entfaltet und es keine allzu gute Idee war, mit einer »Wenn ein Zug nichts bewirkt, dann nehme ich einfach sehr schnell 15 weitere Züge«-Einstellung an dieses Unterfangen ranzugehen.

»Das ist Humbug!«, rief ich. Hätte ich es nicht besser gewusst, wir hätten auch ein altes T-Shirt von Tatjanas Bruders rauchen können, so ekelhaft und nutzlos war diese Erfahrung. »Das war wirklich ein Reinfall!«, gab mir Tatjana recht, bevor sich unsere Wege trennten.

Ich musste mir wohl oder übel andere Wege suchen, um ein rebellierender Teenager zu werden. War es Zeit für eine getellerte Lippe?

Als ich kurze Zeit später mit dem Bus in meiner Heimatgemeinde angekommen war, zeigte das Gras allmählich seine Wirkung. Ich möchte euch erneut in Erinnerung rufen, dass ich zu diesem Zeitpunkt ein absolut unschuldiges Lamm war, dessen größte Sünde es war, nach dem Pinkeln ab und an mal die Klobrille oben zu lassen. Zuerst hatte ich den Eindruck, als würde der Apfelbaum, der im Vorgarten unserer Nachbarn stand, immer größer werden und in bedrohlicher Geschwindigkeit auf mich zurasen. Ich starrte dieses Phänomen minutenlang schockiert an, bevor ich rückwärts auf das Grundstück meiner Eltern verschwand. Von Naturdokumentationen hatte ich gelernt, dass man den Gefahren der Wildnis nie den Rücken zudrehen sollte.

Doch damit nicht genug! Während meiner Flucht bemerkte ich, dass ich alles in Zeitlupe wahrnahm. Das Konzept der Zeit faszinierte und schockierte mich plötzlich unfassbar.

Musste die Droge denn wirklich wenige Minuten, bevor ich mein Elternhaus betrat, ihre Wirkung zeigen? Nun musste ich irgendwie an meinen Eltern vorbeikommen, während ich so high war wie Willie Nelson nach Feierabend. Vorsichtig öffnete ich die

Tür des Hauses und wurde direkt von meinen Eltern empfangen, die gerne wissen wollten, warum ich eine Stunde zu spät und mit völlig verwirrtem Blick angekrochen kam.

Nun musste ich schnell denken, was mir etwas schwer fiel. »Na ja,...«, legte ich los und hatte noch keinen blassen Schimmer, in welche Richtung ich diese Lüge bloß spinnen sollte. »In der Schule gab es in der letzten Stunde einen Feueralarm!«, sagte ich schließlich, während ich mich nonchalant am Garderobenständer festhielt. Die Augen meiner Eltern weiteten sich. »Einen Probe-Feueralarm!«, klärte ich auf.

Mein Vater legte seine Stirn in Falten. »Aber wieso kommst du dann später nach Hause? Wird man dann nicht normalerweise früher entlassen?«

Ach herrje. Woher hätte ich denn auch wissen sollen, dass mein Vater offenbar in einem früheren Leben Brandschutzbeauftragter war? »Ja ...«, stammelte ich. »Ja, natürlich wird man bei Probe-Feueralarmen normalerweise früher entlassen, aber dieses Mal hat uns der Coach danach noch ein paar hilfreiche Übungen gezeigt, falls es einmal zu einem echten Feuer kommt!«, flunkerte ich. Wer in diesem Szenario »der Coach« war, blieb allen Beteiligten unklar, mich eingeschlossen.

»Und was für ›hilfreiche Übungen‹ macht man, wenn es zu einem echten Feuer kommt?«, wollte meine Mutter nun wissen.

Mittlerweile kam ich mir vor, als würde ich mich in einem U-Boot befinden und Sherlock und Watson befragten mich langatmiger als jeder Martin-Scorsese-Film.

Ich dachte viel zu lange über die Frage meiner Mutter nach.

»Davonlaufen«, entgegnete ich dann, marschierte schnurstracks in mein Zimmer und schloss die Tür hinter mir. Froh darüber, meine Eltern abgewimmelt zu haben, legte ich mich bibbernd in mein Bett und hoffte auf Erlösung. Ich checkte minütlich meine Uhr, die Zeit war wie Kleister. Als ich mich schließlich besser fühlte, schlich ich mich aus meinem Zimmer – um eine halbe Schokotorte in Rekordzeit zu essen.

In den folgenden Jahren, wenn bei Partys immer mal wieder ein Joint die Runde machte, gab ich mich zurückhaltend. »Haha, nein danke, nicht für mich, ich bin heute mit dem Auto da!«, flunkerte ich meine Party-Bekanntschaften an, obwohl ich noch nicht mal einen Führerschein hatte. Niemand sollte wissen, dass ich schon allein beim Geruch von Marihuana übelste Flashbacks bekam und mir der Apfelbaum des Grauens erschien. Wenn der Gruppenzwang siegte und ich doch mal einen Zug nahm, wiederholte sich immer die Horrorvision vom ersten Mal und meine Umgebung verwandelte sich in eine Geisterbahn. Schon bald beschloss ich: Nie wieder Gras!

»Was soll's? Gras ist einfach nicht so mein Ding! Sicherlich finde ich noch die richtige Droge für mich«, sagte ich mir, als wäre ich auf Partnersuche: Jeder Topf findet mal seinen Deckel. Diese Mission sorgte dafür, dass ich die meisten Drogen, die mir meine Mitmenschen über die Jahre anbieten sollten, dankend annahm, als handle es sich dabei um einen frisch gepflückten Blumenstrauß.

Eines Abends, als mich Lukas, eine relativ neue Bekanntschaft, nach einem Abend des exzessiven Alkoholkonsums fragte, ob ich mit ihm koksen wolle, war ich daher sichtlich erfreut. Gras war in meiner Achtung weit gesunken und meiner Meinung nach eine Droge für Leute, die den ganzen Tag auf der Couch lümmelten und von ihrem »nächsten großen Projekt« sprachen, das sie irgendwie nie recht ins Rollen bringen konnten.

Koks dagegen erschien mir äußerst glamourös: Eine Droge

für hoch ambitionierte Leute wie Anwälte, Werber und Lindsay Lohan, die alle ständig an ihrem Blackberry hingen und sehr viel auf die Reihe brachten (das war übrigens 2009, als alle noch dachten, Lindsay Lohan würde wahnsinnig viel auf die Reihe bekommen).

Rückblickend betrachtet hätte ich es wirklich besser wissen müssen, als zu einer harten Droge einfach so »Ja!« zu sagen. Jahrelang hatte uns unser Biologielehrer Schauergeschichten über Drogenkonsum erzählt. »Harte Drogen nehmen ist so, als würde man Eiskugel-große Stücke eures Gehirns entfernen! Eiskugel-groß!!« Heute erscheint es mir absolut verrückt, dass ich zu diesem Zeitpunkt

1. wusste, dass Drogenkonsum nicht sonderlich gut für den Körper war, und
2. ein relativ behütetes Leben ohne schwere Schicksalsschläge führte, vor denen ich durch Drogen hätte fliehen müssen.

Dennoch suchte ich so gezielt nach der »richtigen Droge« wie Heidi Klum nach dem nächsten Topmodel.

Wenn ich ganz ehrlich mit mir bin, hatte meine Suche wohl vor allem mit meinem Selbstwertgefühl zu tun. Meine ständigen Selbstzweifel blieben an mir haften wie Glitzer Wochen nach einer Party mit Drag Queens. In meinen Augen war ich nicht lustig, offen und schön genug, um an einem Samstagabend als »gute Gesellschaft« zu gelten. Aber es gab Getränke, die ich trinken, und Substanzen, die ich einnehmen konnte, um mich lustig, offen und schön zu fühlen? Okay, ich hätte gerne einen Jahresvorrat!

Die Bemühungen meines Biolehrers waren also nutzlos gewesen. Ich zögerte keine Sekunde, von einem fast Unbekannten Drogen anzunehmen. Soweit ich wusste, war Kokain irrsinnig teuer, und die Geste schien mir ähnlich großzügig, als würde mir Lukas einfach ein Bündel Scheine in die Hand drücken. Wie konnte ich da ablehnen?

Wie es der Zufall so wollte, drückte mir Lukas kurze Zeit später tatsächlich einen 50€-Schein in die Hand, wenngleich er zusammengerollt war und nur dazu diente, das weiße Pulver zu schnupfen. »La-di-da! Seht an, welch vornehme Freunde ich habe«, dachte ich mir. Während ich meine erste (und – Spoiler Alert – letzte!) Line zog, fühlte ich mich, als wäre ich auf einer Yacht in St. Tropez.

Anders als bei Marihuana, dauerte es diesmal nicht lange, bis ich eine Wirkung spürte. Im ersten Moment dachte ich wirklich, dass ich mit Kokain die perfekte Droge für mich gefunden hatte. Obwohl ich den ganzen Abend lang Whiskey getrunken hatte, als wäre ich auf einem persönlichen Rachefeldzug gegen Jack Daniels, fühlte ich mich nach einer Line des magischen Pulvers fantastisch nüchtern und führte selbst Stunden später mit dem Taxifahrer auf dem Weg nach Hause ein langes und interessiertes Gespräch über unsere liebsten Gewürze.

Lukas dagegen war ein bisschen aufgedreht, hatte darauf bestanden, ausgelassen mit mir zu tanzen (obwohl ich mehrmals protestierte, dass doch gar keine Musik lief), und war schließlich wie vom Erdboden verschluckt. Ich wiederum fühlte mich so nüchtern, als hätte ich den ganzen Abend lang nur Kamillentee getrunken, und kam zu dem Schluss, dass Kokain wohl tatsächlich eine Droge für wohlhabende Leute sein musste. Abgesehen von dem saftigen Preis des Rauschgifts, machte es nun auch noch meinen über Stunden hinweg mühsam erarbeiteten Whiskey-Rausch rückgängig, für den ich locker 60 € verpulvert hatte.

Zufrieden ging ich ins Bett und schlief wie eine Prinzessin. Am folgenden Vormittag, während ich gerade mit meinen Eltern in einem Café saß, spürte ich plötzlich, wie mich eine fürchterliche Kälte überkam. »Ist noch jemandem so kalt wie mir?«, fragte ich. Hätte ich es nicht besser gewusst, hätte ich glauben können, dass jeden Moment, wie in den Harry-Potter-Filmen, Dementoren aus meiner Kaffeetasse kommen und mir jegliches Glücksgefühl entziehen würden.

Es stellte sich heraus, dass es in dem Laden eigentlich recht warm war. Beunruhigt holte ich mir meinen Mantel und saß fortan bibbernd inmitten eines beheizten Lokals, in dem – wenn ich mich recht erinnere – sogar ein offenes Kaminfeuer loderte. So merkwürdig hatte ich mich wohl nicht verhalten, seit ich nach dem »Feueralarm« völlig aufgelöst nach Hause gekommen war, und nahm mir daher vor, nach meinem nächsten Drogenkonsum nicht wieder ausgerechnet mit meinen Eltern abzuhängen.

Die Kälte und der Schüttelfrost waren kaum zu ertragen. Ich bat meine Eltern, mich nach Hause zu fahren, wo ich mich mitsamt meines Wintermantels ins Bett legte und eine SMS an Lukas schrieb. Ich hatte das leise Gefühl, dass mein suboptimaler Zustand mit dem Drogenkonsum des Vorabends zu tun haben könnte, wollte in meiner Nachricht aber dennoch möglichst locker klingen.

»Hey. Na du, alles klar? Was machst du so?«, fragte ich so beiläufig, als wäre ich nicht kurz davor, einen Exorzisten zu rufen.

»Bin im Krankenhaus und bekomme Infusionen!«, antwortete Lukas.

Fantastisch. Mir dämmerte, dass mein neuer wohlhabender Freund Lukas wohl nicht Kokain der absoluten Premium-Qualität dabeigehabt hatte. Ich beschloss, bis zum bitteren Ende zu lügen.

Die folgenden Stunden und Tage im Hause Buchinger liefen daher ab wie eine besonders ulkige Folge einer slapsticklastigen Sitcom, und ich bezweifle, dass meine Eltern nicht genau wussten, was Sache war.

Die bis zum Rand mit heißem Wasser gefüllte Badewanne war der einzige Ort, an dem ich mich an diesem Tag halbwegs wohl fühlte. Wer etwas von mir wollte, fand mich im Badezimmer, wo ich mir ein neues Leben aufgebaut hatte. Dort nahm ich jeden Tag so lange Bäder, dass meine Eltern sicher vermuteten, ich würde mich langsam, aber sicher in eine Meerjungfrau verwandeln.

Obwohl ich mich schon um einiges besser fühlte, willigte ich am dritten Tag dieses Fiaskos ein, eine Ärztin zu besuchen, um meiner rätselhaften Krankheit ein für alle Mal auf die Spur zu kommen. Mir war, als hätten mich all die Lügen, die ich in meinem bisherigen Leben erzählt hatte, nur auf diesen einen Moment vorbereitet. Würde ich die Ärztin täuschen können?

Mit ihrem strengen Blick und ihrem fest nach hinten gebundenen Haar wirkte Frau Doktor Klemm wie die strenge Protagonistin aus einer Arztserie, die ohne Zweifel gerne in ihrem Kittel schlief und unentwegt Ausrufe wie »NICHT MIT MIR!« tätigte.

Es stellte sich heraus, dass all mein Lügentraining umsonst war: Obwohl ich darauf bestand, dass ein Auslandsaufenthalt der Ursprung des Übels war, und Dinge wie »Vielleicht hätte ich diesen Kugelfisch nicht essen sollen ...« in meinen Bart nuschelte, wusste Doktor Klemm natürlich sofort, was Sache war, und stellte mir während der Blutabnahme eine eindringliche Frage nach der nächsten. »Hast du dich ein bisschen verausgabt oder über die Stränge geschlagen?« Mit Sicherheit kannte sie dieses Spiel von zig anderen jugendlichen Patienten, die ihren Drogenkonsum einfach nicht zugeben wollten, und auch ich ließ nicht locker.

»Nicht wirklich, aber ich bin in letzter Zeit tatsächlich sehr viel Bus gefahren!«, entgegnete ich.

Meine Ärztin vergewisserte mir, dass ich mich in wenigen Tagen wieder völlig normal fühlen würde, und ich kann von Glück sprechen, dass sie mich nur mit einem strengen Blick davonkommen ließ. Als ich die Ordination verließ, konnte ich mich nur schwer davon abhalten, dankbar den Boden zu küssen, als hätte ich nach einem wahnsinnig turbulenten Flug endlich wieder festen Boden unter den Füßen. An Ort und Stelle fasste ich einen Vorsatz, an den ich mich bis heute halte: Nie wieder Drogen!

Gerne fasse ich noch einmal den bisherigen Drogenkonsum meines Lebens für euch zusammen: Wenn ich Gras rauche, bekomme ich panische Angst vor meiner Umgebung und fühle mich wie der Protagonist der neuen *American Horror Story*-Staffel, und nach einer Line Kokain verfiel ich in ein dreitägiges Delirium und fühlte mich, als würde ich nie wieder Glück, geschweige denn Wärme empfinden können.

Auch heute noch werden mir hin und wieder Drogen angeboten. Die Leute wollen mir dann einreden, dass es »lustig« sei und ich »tolle Farben« sehen werde, als wäre mein Leben nicht ohnehin schon lustig und farbenfroh genug. Doch ich lasse mich keine Sekunde lang täuschen. Nur kurz denke ich dann an den unheimlichen Apfelbaum, die fürchterliche Kälte oder den demütigenden Besuch bei Doktor Klemm zurück und finde diese Erinnerungen sogar noch gruseliger als die Vorstellung, Eiskugel-große Stücke aus meinem Gehirn zu entfernen.

Resolut und viel zu laut lehne ich das Angebot also nun immer ab. »NEIN! KEINE DROGEN FÜR MICH!«, rufe ich und fühle mich sehr gut dabei. Ich glaube, mein Bio-Lehrer wäre stolz auf mich.

E-Mail für Michi

Ich habe als Kind nie sonderlich viel Zeit mit meinen Großeltern verbracht. Wenngleich beide Omas und Opas nur wenige Autominuten von meinem Elternhaus entfernt wohnten und wirklich supernett waren, war das absolute Maximum an Nähe der einmal wöchentlich stattfindende Besuch bei beiden, der höchstens eine Stunde dauerte und die Ungezwungenheit eines Knast-Besuchs hatte.

Umso mehr überraschte es mich, als mich meine Eltern im Alter von acht Jahren bei meiner Großmutter väterlicherseits ablieferten, bei der ich die Nacht verbringen sollte. Das war äußerst untypisch. Mama und Papa wollten ausgehen, und schon damals sagte mir mein Instinkt, dass sie es zuvor bei absolut jedem aus ihrem Adressbuch und vielleicht bei ein paar Fremden im Park probiert hatten und einfach niemand sonst Zeit hatte. So verbrachte ich das erste und einzige Mal eine Nacht bei Oma.

Wer hätte ahnen können, dass sich in dieser Nacht etwas Schicksalsträchtiges ereignen würde, das mein ganzes Leben (okay, ich übertreibe: einen kleinen Teil meines Lebens) beeinflussen sollte?

Um Punkt 19 Uhr gähnte meine Oma laut, streckte ihre Arme in die Luft und sagte bestimmt: »Okay, Zeit fürs Bett!« Da ich am

Tag ungefähr einen Liter Cola in mich hineinkippte und regelmäßig bis Mitternacht wach blieb, schlich ich, sobald ich das erste Schnarchen meiner Großmutter vernommen hatte, zurück ins Wohnzimmer, wo ich heimlich den Fernsehapparat einschaltete. Dort sah ich dann den Film, der schon bald mein absoluter Lieblingsfilm werden sollte. In den kommenden Jahren sah ich ihn so oft, dass ich mitsprechen konnte, immer einen Weg suchte, dieses Meisterwerk in meine Arbeiten an Schule und Uni einzubauen, und insgeheim davon träumte, ein Leben genau wie die Protagonisten zu führen. Ich spreche natürlich von der Liebeskomödie E-Mail für Dich mit Meg Ryan und Tom Hanks.

Wenn ihr mich fragt (was ihr vermutlich nicht tut – aber es ist mein Buch, also habe ich durchgehend das Wort!), ist E-Mail für Dich der perfekte Film: Er handelt von Kathleen Kelly, die einen kleinen Kinderbuchladen in New York betreibt und eine E-Mail-Freundschaft mit einem ihr unbekannten Typen namens »NY152« pflegt. Sie hat keinen blassen Schimmer, dass es sich dabei um Joe Fox – den Besitzer des Fox Superstores und damit dem größten Rivalen ihres kleinen Geschäfts – handelt.

Dieser Film hat einfach alles: Intrigen, ein cleveres Drehbuch von Nora Ephron, die Upper West Side als Kulisse und unterschwellige Kritik an Großkonzernen, die heute sogar noch relevanter ist als damals: Habt ihr dieses Buch, das ihr gerade in euren Händen haltet, im Internet gekauft oder im kleinen Buchladen um die Ecke? Bis zum heutigen Tag krame ich die DVD aus meinem Regal, wenn es mir mal schlecht geht, und wenn ich mich krank fühle, greife ich erst zu E-Mail für Dich und dann erst zu Aspirin. Spätestens bei der Szene, in der Meg Ryan und Tom Hanks die erste E-Mail im Film austauschen, kommt mir alles Negative in meinem Leben nur noch halb so schlimm vor. Dank dieser Liebeskomödie habe ich mich – bitte lacht mich nicht aus – für AOL als E-Mail-Anbieter entschieden, der mir auch heute noch jedes Mal, wenn ich mich einlogge, den Originaltitel des Films entgegenträllert: *You've Got Mail!*

Abgesehen davon, dass ich in den kommenden Jahren regelmäßig beim Friseur einen »Meg Ryan«-Haarschnitt verlangte, sorgte dieser Film dafür, dass ich fortan gezielt nach E-Mail-Freundschaften suchte. Diese Art der Kommunikation hatte auf mich – der ich schon damals absolut überfordert von sämtlichen zwischenmenschlichen Kontakten war – eine unglaubliche Anziehungskraft, nicht zuletzt weil ich im Internet sehr einfach lügen konnte.

In Chatrooms und Internetforen hielt ich meine gesamte Jugend über Ausschau nach Freunden, als wäre ich eine verwitwete Pensionistin auf einer Kreuzfahrt – und wurde auch mehrmals fündig. In meinem ersten Buch habe ich euch bereits die Geschichte der Online-Romanze zwischen mir und einem jungen Mann namens Tobias geschildert, der sich beim ersten Treffen als so echt wie ein 30€-Schein entpuppte.

Über die Jahre pflegte ich aber unter anderem auch Kontakt zu einer Niederländerin namens Sara, die ganz nett war, aber sich bald als verrückte Postkartensammlerin entpuppte. Immer und immer wieder deutete sie subtil an, dass ich ihr doch bitte sämtliche Postkartenmotive aus meinem Heimatort und der Umgebung zukommen lassen solle, und wurde äußerst unruhig, wenn sie diese Postkarten nicht »rechtzeitig« erreichten. Rechtzeitig wofür?, fragte ich mich. Das jährliche Treffen der langweiligsten Menschen der Welt? Rasch brach ich den Kontakt mit dieser Postkarten-Primadonna wieder ab.

Andere E-Mail-Freundschaften blieben mir länger erhalten,

und die verheerendste war wohl die zu Johannes – einem Jungen, den ich im Alter von 15 Jahren in einem Chatroom namens »Crazy Teenagers« kennengelernt hatte. Mit seiner Vorliebe für Indie-Bands, Containern und Demonstrationen wirkte Johannes wie die Sorte Mensch, die im echten Leben allerhöchstens über mich die Augen verdrehen würde.

Was ich schon damals – außer dem Lügen-Freifahrtschein – an der Kommunikation im Netz sehr reizvoll fand, ist die Möglichkeit, eine Frage einfach erst vier Stunden später zu beantworten. Die Verzögerung, die bei E-Mails, Chats und SMS entsteht, bietet uns die Möglichkeit, ausgiebig in einem anderen Tab zu recherchieren, um nicht wie absolute Vollidioten dazustehen, weil wir nicht wissen, wer oder was Baudelaire ist.

Ich genoss es, bei unseren Chats und E-Mails immer die Möglichkeit zu haben, lange zu überlegen und nachzuschlagen, bevor ich antwortete, um cooler und gebildeter zu wirken, als ich tatsächlich war. Während unserer Unterhaltungen glühte Google, als wäre es mein Joker bei *Wer wird Millionär?*. Hatten Meg Ryan und Tom Hanks das auch so gemacht? Vielleicht wären sie schneller ein Paar geworden, wenn sie es mal probiert hätten.

Johannes war sehr politisch interessiert und wollte ständig über Wahlen sprechen. Ich dagegen realisierte erst, wenn mich Johannes fragte, wen ich denn gewählt habe, dass es überhaupt Wahlen gegeben hatte. Ups! Deswegen waren also im Sonntagmachmittagsprogramm im Fernsehen all diese langweiligen Sendungen mit den bunten Grafiken gelaufen, während ich eigentlich *Sabrina – Total verhext!* schauen wollte.

Im Gegensatz zu den meisten anderen, zu denen ich in Jugendjahren Kontakt suchte, war Johannes noch dazu heterosexuell. Ständig erzählte er mir von seiner Freundin Monika, die er auf einem Festival kennengelernt hatte. Ich fühlte mich, als wäre ich auf Gold gestoßen. Ein cooler Hetero-Freund, der Festivals besuchte, war genau das, was ich brauchte, um meine Coolness aufzupolieren. In meinen Augen war es ein Wunder, dass Johannes sich überhaupt für mich und meine trivialen Vorlieben interessierte.

Fortan, so redete ich mir ein, würde ich völlig cool durch die Schule spazieren und ganz beiläufig über Motocross, Ballsportarten, Kriegsdokumentationen und all die anderen langweiligen Hetero-Themen sprechen, die ich bei meinem »Bro« Johannes aufgeschnappt hatte, bevor ich als Kirsche auf dem Eisbecher mit einem unbequemen Kommentar die Regierung kritisierte.

Heute weiß ich natürlich, dass das, was Johannes und ich da führten, keine Freundschaft war – und das nicht nur, weil wir ausschließlich über das World Wide Web miteinander kommunizierten. Eine Beziehung, bei der man sich so sehr verbiegt, bis der andere einen mag, nur um bei anderen mit einem coolen Hetero-Freund angeben zu können, als handle es sich dabei um einen seltenen Pokémon-Sticker, hat weder ein gutes Grundgerüst noch die besten Zukunftschancen.

Umso überraschter war ich, als mich Johannes nach drei Jahren E-Mail-Freundschaft zu seiner Geburtstagsparty bei sich zu Hause in Wien einlud. Ich fühlte mich wie eines dieser Kinder, das ein goldenes Ticket für einen Besuch in Willy Wonkas Schokoladenfabrik gewonnen hatte. Ich würde Johannes treffen? Den Johannes? Manege frei für nervösen Angstschweiß.

Bei unserem ersten Treffen war es natürlich essentiell für mich, cooler zu wirken, als ich eigentlich war, damit Johannes und sein exzentrischer Freundeskreis mich akzeptieren würden. Musste ich mir eine schlabbrige Skaterhose und ein Rammstein-

T-Shirt anziehen, um ihnen zu gefallen? Sollte ich mir mein Ohr mit einer Sicherheitsnadel piercen oder ein paar Sprühdosen in meinem Rucksack verstecken, um auf subtile Weise anzudeuten, dass ich Banksy war?

Wochenlang bereitete ich mich auf diese Party vor, wie Sportler das bei wichtigen Wettkämpfen tun. Zu diesem Zeitpunkt hatte ich noch kein internetfähiges Handy und musste einen ganzen Abend lang ohne die Hilfe von Google mit Johannes auskommen. Doch als ich die Tür zu Johannes' Wohnung öffnete, kam mir erst mal eine dicke fette Rauchschwade entgegen, wie ich sie sonst nur aus *The Fog – Nebel des Grauens* kannte. Der penetrante Geruch kam mir von meinem Marihuana-Experiment im Park bekannt vor. So eine Party war das also. Ich fasste all meinen Mut zusammen und schritt selbstbewusst wie Beyoncé durch den Nebel einer Nebelmaschine. Showtime!

Der Moment, in dem Johannes und ich aufeinandertrafen, war leider kein bisschen so fantastisch, wie *E-Mail für Dich* es mich hatte glauben lassen. Keiner von uns beiden säuselte zuckersüße Worte der Liebe und im Hintergrund war auch nicht der sanfte Klang von *Somewhere Over the Rainbow* zu vernehmen. Ich hatte wirklich geglaubt, dass es einer dieser Momente werden würde, in denen ich endlich Antworten auf so viele Fragen bekommen würde, doch stattdessen warf unsere Begegnung einen ganzen Katalog weiterer Fragen über Johannes auf. Wieso sah er so benommen aus? Warum sprach er so langsam, wie ich nur, wenn ich versuchte, mit zwei Minuten Inhalt ein fünfminütiges Referat zu füllen? Und wo war bitte seine Freundin Monika?

Johannes war zwar kein Teenager mehr, aber definitiv noch ziemlich crazy. Und damit meine ich betrunken, bekifft und – wenn meine Nase richtiglag – seit Tagen ungeduscht. Meinen Versuch, mich mit ihm zu unterhalten, müsst ihr euch vorstellen wie eines dieser Interviews, in denen ein konservativer Talk-show-Host versucht, die völlig betrunkene Courtney Love zu interviewen. »Sie scheinen ja wirklich das Leben zu genießen, Frau Love! Haben Sie neue Projekte am Start?«

Johannes' Augen flatterten auf und zu wie die einer defekten Puppe, und ich hätte gut Untertitel für die Stammeleien gebrauchen können, die er da von sich gab. Deswegen hatte unsere Freundschaft per E-Mail so gut funktioniert: Ich konnte ausgiebig recherchieren UND musste ihn nie reden hören. Da mein Kumpel so betrunken war, dass er vermutlich in Flammen aufgegangen wäre, hätte jemand neben ihm ein Streichholz entzündet, widmete ich mich erst mal den anderen Gästen der Party.

Fast augenblicklich wurde ich von einem Mädchen, das sich als »Kätzchen« bei mir vorstellte, unter die Fittiche genommen. Kätzchen war eine typische »Gabi« – also eine Frau, die schwule Männer sammelt, als handle es sich dabei um My-Little-Pony-Figuren. Ich hätte mich ja nur zu gerne darüber echauffiert, bis mir dämmerte, dass ich Johannes eigentlich auch vor allem wegen seiner Heterosexualität bevorzugte.

Kätzchen entpuppte sich als perfekte Gesprächspartnerin: eine Person, neben der man gerne sitzt, wenn man einfach hundemüde ist oder seine Stimme verloren hat. Ich musste ihr einfach nur Stichworte wie *Britney Spears* oder *Will & Grace* zuwerfen, um 45-minütige Vorträge zu den jeweiligen Themen zu erhalten. Kätzchen schlug gerade mit einem Funkeln in den Augen vor, dass wir unbedingt einmal gemeinsam shoppen gehen müssten, als Johannes wieder auf uns zukam. In meinem Kopf fing automatisch die Musik aus *Der weiße Hai* zu spielen an.

Johannes verscheuchte Kätzchen und legte seinen Arm um

meine Schultern. »Michael!!!«, lallte er mir direkt ins Ohr, auf diese ekelhafte Art und Weise, auf die betrunkene Männer das gerne tun. So als wollten sie deinem Ohr einen Zungenkuss geben. »Ich brauche deinen Rat!!!« *Und ein Pfefferminzbonbon,* dachte ich mir.

»Auf dieser Party ist ein Mädchen, das ich ziemlich geil finde!«, fing er an.

Oh? Bestimmt sprach Johannes von seiner Freundin Monika, die offenbar doch da war. Ob er ihr einen Antrag machen würde? Das wäre sogar noch romantischer als *E-Mail für Dich!*

»Du weißt ja, dass ich eine Freundin habe, aber die macht gerade ein Auslandssemester in Irland ...«, erklärte er.

Oh nein. Die Kirchenglocken in meinem Kopf wurden von Fettes Brot abgelöst. *Soll ich's wirklich machen, oder lass ich's lieber sein?*

»Findest du, ich sollte mein Glück probieren?«, wollte er schließlich wissen und deutete auf eine junge Dame, die definitiv nicht Monika war.

Ich hasse es, wenn Betrunkene das tun. Sie kommen zu dir, labern dich mit ihren unlösbaren Problemen voll und wollen, dass du ihnen einen Rat gibst, der im Idealfall lautet: Mach, was du möchtest. Wäre ich ehrlich gewesen, hätte ich gesagt: »Nein, natürlich nicht! Du hast eine Freundin und ihr seid schon lange zusammen. Du wirkst wie ein aufrichtiger Mensch, also bitte triff keine wüsten Entscheidungen, wenn du nicht ganz nüchtern bist.«

Aber bin ich für meine Ehrlichkeit bekannt? Als klarer Außenseiter auf dieser Party, der Angst hatte, dass sie jede Sekunde von der Polizei gestürmt werden konnte, wollte ich nicht wie der absolute Spießer wirken, der ich eigentlich war. Also log ich ein bisschen: »Johannes – tu, was du für richtig hältst!« Zu einem Menschen, der sich in einem Zustand wie Johannes befand, zu sagen, dass er tun solle, was er für richtig hält, ist so verheerend, als würde man mir eine Kreditkarte in die Hand drücken und sagen, ich solle mir »etwas Schönes« kaufen. Was kann ich dafür, dass du kein Kreditkartenlimit hast und ich im Eifer des Gefechts eine Villa in der Provence sehr schön fand?

Zu meiner Verteidigung: In meiner jugendlichen Naivität hatte ich angenommen, mit »mein Glück probieren« meinte Johannes, er wolle die junge Dame fragen, ob sie gemeinsam mit ihm auf einen Milkshake und anschließend auf eine Tanzveranstaltung gehen würde. Stattdessen hatte er sofort Sex auf dem Klo mit dem Objekt seiner Begierde.

In der Cartoonversion dieses Abends wäre ich, sobald ich das erfahren hatte, so rasant aus der Wohnung geflohen, dass ich ein Michi-förmiges Loch in der Wand hinterlassen hätte. Wer macht so was? Wo sollte ich nun bitte aufs Klo gehen, wo es Sekunden zuvor noch als sündiges Seitensprung-Paradies gedient hatte?

Ich verabschiedete mich mit Schuldgefühlen schnell nach Hause, wo ich – wie das für mich in Situationen wie diesen damals üblich war – zum Einschlafen meine *E-Mail für Dich*-DVD einlegte. Doch dieses Mal konnte ich den Film nicht so recht genießen und kam, mit dem Kontrast dieser neuen Erfahrung, ein für alle Mal zu dem Entschluss, dass Brieffreundschaften wie im Film einfach nicht existieren, da Menschen im Internet entweder Verrückte mit defektem Moralkompass oder nur hinter meinen Postkarten her waren. Na toll, jetzt hatte man mir auch noch meinen absoluten Lieblingsfilm ruiniert!

Umso überraschter war ich, wenige Tage später eine SMS von Kätzchen zu erhalten, die sich dringend mit mir treffen wollte. »Du wirst nicht glauben, was passiert ist!«, sagte sie kichernd beim gemeinsamen Kaffeekränzchen in der Wiener Innenstadt. Was denn bloß? Hatte sie einen Britney-Spears-Song entdeckt, über den wir noch nicht ausführlich gesprochen hatten?

Nein. Liebe Leserinnen, liebe Leser, ich möchte, dass ihr wisst, dass die folgenden Zeilen wahr sind. Ich weiß, sie klingen völlig abstrus, aber so hat sich das wirklich zugetragen. Wir hatten also bereits über das Wetter und unsere Outfits geplaudert, als Kätzchen erzählte: »Oh, ach ja! Johannes hat seiner Freundin seinen One-Night-Stand von der Party gestanden und sich aus dem Fenster geworfen!«, schilderte sie heiter, als handle es sich um eine weitere ulkige Anekdote aus der Kategorie »Typisch Johannes!«.

»Was? Wie bitte?« Mir wurde schlecht.

Kätzchen verdrehte die Augen. »Ja! Er hat Monika gestanden, dass er sie betrogen hat. Sie hat mit ihm Schluss gemacht und da wollte er sich gleich umbringen. Johannes ist aber nur aus dem zweiten Stock gesprungen, also ist er natürlich noch am Leben«, erzählte sie viel zu beiläufig und mit einem subtilen Augenrollen zwischen den Happen ihres Apfelstrudels. »Sein Arm ist gebrochen.«

Mir blieb die Luft weg. Warum hatte sie so lange mit mir über unsere Outfits diskutiert und dann erst offenbart, dass unser gemeinsamer Freund sich das Leben nehmen wollte? Mir dämmerte, wer für dieses Debakel verantwortlich war: ich. Ich hatte Johannes einen Ratschlag gegeben, der nicht nur gelogen, sondern auch so falsch war, dass der Arme im Anschluss sein Leben beenden wollte. Wäre ich einfach ehrlich gewesen, hätte ich diese Situation verhindern können.

Wie benommen beglich ich meine Rechnung und entschuldigte mich aus dem Café. Kätzchen, die über die Empathie einer

Salzgurke verfügte, dachte sich bestimmt, dass ich schnell los musste, um nicht die wöchentliche Versammlung der schwulen Wiener zu verpassen.

Natürlich nahm ich damals gleich Kontakt mit Johannes auf, und er vergewisserte mir, dass ich nichts mit seiner Entscheidung zu tun gehabt hätte. Nicht nur das, er konnte sich gar nicht so richtig an den Abend – geschweige denn an meine Anwesenheit – erinnern. Puh! Gut, dass ich mir doch nicht mein Ohr hatte piercen lassen.

Schon bevor die Party stattgefunden hatte, so erklärte er mir in einer weiteren E-Mail, hatte er darüber nachgedacht, seine Freundin zu betrügen. Die beiden würden ihrer Beziehung noch eine weitere Chance geben. Trotz Johannes' Beruhigung wollte ich ihm nicht so recht glauben. Seine Worte klangen wie eine dieser Lügen, die ich erzähle, damit sich andere Leute nicht so schlecht fühlen. »Nein, nein, Bianca, es macht nichts, dass du die Teetasse meiner Urgroßmutter zerstört hast. Früher oder später wäre sie mir eh im Suff runtergefallen, also sollte ich dir danken, dass du das Unheil vorweggenommen hast!«

Ich fasste an jenem Tag einen Vorsatz. Es ist eine Sache, Fremde anzuflunkern, weil man bessere Theaterkarten haben oder einer Verpflichtung entkommen möchte. Auch Freunde dürfen hie und da hinters Licht geführt werden; etwa, wenn sie fragen, ob es sehr traurig ist, dass sie sich mittlerweile ihre vierte Hauskatze – Lady Butterfly – zugelegt haben. Aber wenn ein Freund – egal, ob aus dem Internet oder aus dem »realen Leben« – mich um einen ernst gemeinten Rat bittet, würde ich fortan ausschließlich ehrlich antworten, egal, wie ich dadurch wirken mag. So viel Anstand bin ich meinen Mitmenschen schuldig.

Als ich den Film damals im Haus meiner Großmutter zum ers-

ten Mal gesehen habe, wollte ich auch irgendwann in einem Back-
steinhaus in New York wohnen, in einem Buchladen arbeiten und
einen Mann lieben, der mir jeden Tag frische Lilien bringt. Aber
führe ich so ein Leben? Nein. Wenn, dann glich meine Existenz
eher einem schlecht produzierten Direct-to-DVD-Sequel namens
E-Mail für Dich 2: Post aus der Hölle, in der die mittlerweile arbeits-
lose und wieder alleinstehende Kathleen Kelly verlogene Ratschläge erteilt, die ihre Mitmenschen langsam, aber sicher in den
Ruin treiben, während sie schelmisch lacht.

Wenn ich dieser Tage meine Mails abrufe, höre ich nach wie
vor die AOL-Stimme. *You've Got Mail*, ruft sie mir entgegen, und
für einen kurzen Moment fühle ich mich wie der Protagonist einer
romantischen Komödie aus den Neunzigerjahren.

Doch dann denke ich meistens zugleich an Johannes, und mir
fällt wieder ein, dass das Leben keine Nora-Ephron-Komödie ist.
Liebespaare trennen sich, kleine Läden von nebenan müssen
schließen und die echten Menschen hinter Online-Persönlichkei-
ten entpuppen sich oft als komplexer, als wir vermuten mögen.

Obwohl ich immer davon geträumt und auch bereits einiges
dafür unternommen hatte, eines Tages die perfekte E-Mail-
Freundschaft zu führen, dämmerte mir nach mehreren Jahren des
absolut katastrophalen E-Mail-Kontakts mit Fremden im Internet
allmählich eine große, unleugbare Wahrheit: Ähnlich wie ein
Meg-Ryan-Haarschnitt, der an mir überraschend lesbisch aus-
sieht, lässt sich auch die wunderbar romantische Brieffreund-
schaft aus diesem Film nur sehr schlecht in die Realität überset-
zen. Traurig, aber wahr!

Eine Woche ohne Lügen

Ich saß gerade mit meinen Eltern in einem feinen Wiener Lokal, als ich einen Anruf von Patricia erhielt. Patricia ist eine dieser »Freundinnen«, die denkt, dass wir viel besser befreundet sind, als das eigentlich der Fall ist. Wenn es nach ihr ginge, würden wir uns viermal die Woche zu »Michtricias BFF Klatsch« treffen und im Anschluss auf einem Tandem durch die Stadt radeln. Wenn es nach mir ginge, würde es vollkommen ausreichen, wenn wir uns einmal im Jahr sehen und die Sorte höflichen Smalltalk austauschen würden, den ich mir für meinen jährlichen Besuch beim Zahnarzt aufhebe. Dass Patricia darauf besteht, mich anzurufen, sollte als weiteres Indiz dafür gelten, dass sie einfach einen an der Waffel hat. Wir haben 2018! Anrufen ist das neue »Unangekündigt vor deiner Haustür stehen«.

Zögerlich nahm ich also den Anruf entgegen.

»Hallo Michael! Naaaa, was machst du heute Abend?«, fragte Patricia, und mir war sofort klar, dass sie den ganzen Nachmittag und Abend lang freihatte und Zeit mit mir verbringen wollte, obwohl wir uns erst vorgestern gesehen hatten.

Sehen wir uns meine Optionen an. Ich könnte ehrlich sein und sagen »Heute habe ich nichts vor!«, aber dann würde Patricia vorschlagen, dass wir uns gemeinsam eine ganze Staffel *Charmed* ansehen und darüber diskutieren, welche der Hexenschwestern wir sind. Sie wird behaupten, dass sie »total wie Prue« ist, und ich werde ihr zustimmen, in der Hoffnung, dass auch sie irgendwann einfach aus meinem Leben geschrieben wird.

Ich könnte aus Höflichkeit lügen und sagen »Ja, ich komme gerne!«, aber dann wäre ich unzufrieden und würde im Vorfeld eine Ibuprofen nehmen, um den Abend zu ertragen. Ich könnte aber auch ehrlich sagen: »Nein, heute habe ich keine Lust, dich zu sehen!« Aber wenngleich ich Patricia nicht so sehr mag wie sie mich, steht »Ihre Gefühle verletzen« auch nicht an erster Stelle meiner To-do-Liste.

Also ersparte ich uns Zeit und Ärger und log einfach. »Aaaah, heute Abend gehe ich ins Kino«, sagte ich. »Es ist ein relativ langer Film, der neueste Spielberg-Streifen, und der kann schon mal zwischen drei und vier Stunden dauern. Das ist abendfüllend!«, vertröstete ich sie und legte wieder auf. Ende gut, alles gut!

Meine Mutter, die dieses Gespräch mitgehört hatte und wusste, dass ich lediglich vorhatte, wie ein angeschwemmter Wal auf meinem Sofa zu liegen und die Decke anzustarren, blickte mich mit entsetzter Miene an. So ein Gesicht hatte ich bei ihr nicht mehr gesehen, seit ich ihr offenbart hatte, dass ich eine Karriere im Showbusiness anstrebe.

»So gehst du also mit deinen Freunden um? Du lügst sie an?«, fragte sie ehrlich schockiert. Ja, in ihrer Obhut habe ich früher ungestraft die Schule geschwänzt, aber mittlerweile hatte ich die Buchinger-Methode wohl ein bisschen überstrapaziert.

»Na klar rede ich so mit meinen Freunden«, dachte ich mir, »wenn du wüsstest, welche Lügen ich dir immer so auftische!«

»Ein bisschen mehr Ehrlichkeit würde dir nicht schaden!«, sagte Mama.

Ich muss gestehen, dass sie natürlich recht hat. Ich lüge wirklich sehr viel und es nagt an mir. Es nervt mich, dass ich es einfach nicht schaffe, Patricia in so einer Situation zu sagen, dass ich sie nicht öfter sehen möchte, als ich mein eigenes Spiegelbild sehe. Zudem habe ich inzwischen einen Punkt erreicht, an dem es mir gar nicht mehr auffällt, wenn ich Unwahrheiten verbreite. Hätte meine Mutter mich nicht darauf hingewiesen, hätte ich an dem Gespräch mit Patricia nichts Ungewöhnliches festgestellt.

Nicht selten trete ich deswegen auch in Fettnäpfchen. Es kann passieren, dass mir Patricia am nächsten Tag auf der Straße begegnet und mich fragt, wie denn der Spielberg-Film war. »Welcher Film?«, würde ich sie fragen und die Liste »Warum ich Patricia anstrengend finde!« um einen weiteren Punkt ergänzen: Weil sie wirres Zeug über Filme, die ich nie gesehen habe, schwadroniert!

Wenn mir auffällt, dass ich meine Lüge vergessen habe, muss ich einen Rückzieher machen, eine weitere Lüge erfinden oder auf einen Punkt in der Ferne deuten und dann in die entgegengesetzte Richtung laufen. Wäre mein Leben nicht ein angenehmeres, stressfreieres und vielleicht sogar schöneres, wenn ich einfach mal nur die Wahrheit erzählen würde? Zumindest eine Woche lang?

Tag 1

Offenbar lüge ich mehr als gedacht bei Dingen, die das gar nicht erfordern. Das wird mir erstmals bewusst, als mich die nette Kellnerin in meinem liebsten Café wie immer fragt, wie es mir geht. »Gut!«, sage ich, und da fällt mir ein, dass ich ja eigentlich ehrlich sein wollte. »Wobei, heute bin ich ein bisschen angespannt und habe auch nicht ganz so gut geschlafen!«, korrigiere ich dann, und sie entschuldigt sich in die Küche, bevor ich ihr womöglich auch noch meinen jüngsten Hautausschlag zeige. Manche Leute wollen die Wahrheit nun mal nicht hören.

Topmotiviert und mit Kaffee im System mache ich mich dann auf den Weg in einen Elektromarkt, wo genau das passiert, was ich eigentlich nicht wollte. Nein, Patricia kommt nicht plötzlich aus der »Anstrengende Filme für anstrengende Leute«-Abteilung geschossen, sondern ein muskulöser Verkäufer fragt mich, ob ich denn etwas Bestimmtes suche.

Mir war gar nicht bewusst, wie oft ich in meinem Leben allein auf diese Frage mit einer Lüge geantwortet habe. »Nein, nein, ich wollte mich einfach nur ein bisschen umschauen!« Natürlich suche ich etwas Bestimmtes, und wie die meisten Dinge, die ich suche, ist mir auch diese Sache unangenehm. Sie auszusprechen ist, als würde ich meinen gesamten Suchanfragen-Verlauf publik machen.

Liebe Leserinnen, liebe Leser: Ich suche den Film *Sex and the City* auf DVD. Nicht nur das, ich suche ihn in der besonderen »Wedding Collection«-Ausführung; einer pinken, mit schnörkeligem Blumenmuster verzierten Box von der Größe eines Bildbandes, in der Bonusmaterial sowie eine CD mit kuscheligen Love-Songs enthalten ist. Diese Edition kostet 60 €, und ja, ich möchte mein hart erlogenes Geld dafür ausgeben.

Dass ich ausgerechnet von einem Mitarbeiter, auf dessen Namensschild bestimmt »Harry McHetero« steht, bedient werde, macht meine Nachfrage nach diesem Teil, das nur schwuler sein könnte, würde es Regenbögen speien, nicht angenehmer. Aber ich habe Glück: Nach meiner Beichte verschwindet Harry wortlos

216

im Lager und kommt mit der gewünschten DVD wieder. Ich habe bisher noch nie einen Laden nur fünf Minuten nach Betreten erfolgreich wieder verlassen und bin positiv überrascht. Die Wahrheit spart Zeit.

Hastig eile ich nach Hause. Genug Überwindung für heute! Wer hätte gedacht, dass Ehrlichkeit so anstrengend ist? Ich schließe die Vorhänge, verschanze mich im Bett und schaue *Sex and the City.*

Tag 2

Streng genommen lüge ich heute ein kleines bisschen. Ich habe einen weiteren Stand-up-Auftritt und erzähle auf der Bühne Dinge, die mir vor einem halben Jahr passiert sind, auf eine Art und Weise, die suggeriert, diese Geschehnisse wären mir erst heute auf dem Weg ins Theater widerfahren. Egal, ich bin ein Künstler – ich lüge nicht, ich performe!

Nach meinen Auftritten treffe ich meist noch die Zuschauer, die Lust haben, mit mir zu plaudern. Ähnlich wie mein Angebot »jederzeit und so lange sie wollen« auf meine Nichten und Neffen aufzupassen, entpuppte sich auch dieses Vorhaben schnell als viel anstrengender als erwartet. Da ich gerade 90 Minuten auf der Bühne stand und mein Energielevel im Anschluss bei minus fünf Prozent liegt, sehe ich auf den meisten Fotos aus wie eine geschmolzene Kerze, während der Smalltalk zu 90% aus Hustenattacken meinerseits besteht.

»Warst du gar nicht nervös?«, fragt mich eine junge Dame namens Claudia bei unserem Gespräch. Normalerweise hätte ich ihr erzählt, dass ich ein Quell der Ruhe und Gelassenheit bin und nie nervös, wenn ich meiner wahren Berufung nachgehe, aber da ich diese Woche nicht lügen möchte, gestehe ich, dass ich mich vor Nervosität beinahe übergeben hätte und durchgehend geschwitzt habe. Sie lacht und lobt meine »erfrischende Ehrlichkeit«.

Im Taxi nach Hause möchte ich einfach nur meine Ruhe haben, aber der Taxifahrer möchte mir stattdessen gerne ungefragt seine Meinung zu brisanten Themen aufschwatzen und erwartet eine Reaktion. Er faselt von der Mondlandung (falls es sie je gegeben hat!!), tastet sich an die Rechte von Transgender-Personen heran und merkt schließlich unter Verwendung rassistischer Schimpfwörter an, dass spätnachts ja nur noch Ausländer in Wien unterwegs seien.

Versteht mich nicht falsch, ich goutiere Intoleranz natürlich nie. Aber hätte ich nicht gerade ein waghalsiges »Nicht lügen«-Selbstexperiment am Start, hätte ich diese Äußerungen angesichts der späten Uhrzeit wahrscheinlich entweder gänzlich ignoriert oder einfach »Tja, was will man machen?« gesagt, um auf subtile Weise anzudeuten, dass ich es schon okay finde, dass die Welt nicht nur aus weißen alten Taxifahrern namens »Chilly Joe« besteht.

Da ich aber nicht lügen möchte und »nichts sagen« für mich in dem Fall fast wie Lügen ist, vermelde ich von der Rückbank, dass mich diese doofen Meinungen nun wirklich nicht interessieren und ich, wenn das so weitergeht, gerne hier und jetzt aussteigen möchte. Wir schweigen für den Rest der Fahrt und es ist – ähnlich wie das erste Mal Sex – in gleichen Stücken unangenehm und befriedigend.

Zu Hause angekommen, überkommt mich ein Gefühl, das ich sonst nur verspüre, wenn ich mir neue Sonnenbrillen kaufe, die mir außerordentlich gut stehen. »Ich liebe diese neue Michi-Version!«, denke ich mir und betrachte mich begeistert im Spiegel. »Du bist ein aufrichtiger Mensch, mit dir steige ich heute Nacht gerne ins Bett!« In dieser Nacht schlafe ich wahnsinnig gut.

Tag 3

Ich fühle mich befreit. Nun, da ich jemandem meine Meinung gesagt habe und die Welt nicht implodiert ist, bin ich gar nicht mehr zu stoppen und möchte gerne Robin-Hood-Erlebnisse haben oder die Sorte Person sein, die Zivilcourage in der U-Bahn beweist und daraufhin in einer feierlichen Zeremonie die Ehrenplakette der Stadt verliehen bekommt. Da ich heute aber arbeiten muss, äußerst sich diese neu gefundene Abenteuerlust aber vor allem in der Nonchalance, mit der ich »Nein« sage.

Quietschfidel verfasse ich Absagen zu allen Terminen, auf die ich einfach keine Lust habe. Sämtlichen Mails mit den Wörtern »Podiumsdiskussion« oder »Bachelorarbeit« blüht kein schönes Schicksal. Vor lauter Ehrlichkeit bin ich gar nicht mehr zu stoppen. Werde ich es zur Vernissage eines aufstrebenden Street-Art-Künstlers schaffen? Ich könnte es schaffen, Nadja, wenn ich denn bloß wollen würde! Ha!

Auch andere lieb gewonnene Alltags-Lügen werden Opfer meiner Ehrlichkeit. Ich gebe ab heute nicht mehr vor, ob der Größe meiner Bestellung beim chinesischen Lieferdienst zwei Paar Stäbchen zu benötigen. Vier Jahre lang habe ich diese Scharade aufrechterhalten, und die große Enthüllung hat nicht etwa schockiertes Raunen zur Folge, sondern wird mit einem nüchternen »Okay« entgegengenommen.

Tag 4

Das Schöne daran, Termine abzusagen, ist, dass man automatisch mehr Zeit für Dinge hat, die einem wirklich Freude bereiten. So treffe ich meine Freundin Clara zum Frühstück. Während wir unsere Kaffees schlürfen, fragt sie mich, ob mir der »sexy Hut«, den sie heute trägt, gefalle. Clara, auf deren Kopf ein winzig kleiner, rot funkelnder Hut thront, der – sollte sie nicht direkt nach unserem Frühstück eine Royal Wedding besuchen – absolut keinen Sinn ergibt, hat sich definitiv die falsche Woche für ihre waghalsigen Accessoire-Experimente ausgesucht.

Da ich Konfrontation hasse und deshalb schon mehr als einmal in einer Nacht-und-Nebel-Aktion das Land verlassen und ein neues Leben in Ungarn aufbauen wollte, tue ich erst mal so, als hätte ich ihre Frage nicht gehört, und blicke versonnen in der Gegend umher. Hat da jemand was gesagt, oder war das nur das Rauschen eines fernen Windes?

»Na?«, hakt sie nach. Ich drucke ein bisschen herum, lockere meinen Kragen, wische mir eine Schweißperle von der Stirn und sage dann schlicht und einfach: »Es ist nicht dein bester Look. Also mir gefällt er zumindest gar nicht, muss ich sagen.«

Clara sieht für eine Millisekunde enttäuscht aus und dankt mir dann für meine ehrliche Meinung. 15 Minuten später beendet sie unser Frühstück, noch bevor sie ihr Croissant aufgegessen hat; ohne Zweifel, um nach Hause zu hasten und zu überprüfen, ob sie ihre nächste Bestellung auf www.hässlichehüte.at noch stornieren kann. Mir soll es recht sein: So habe ich mehr Zeit, um meinen Freund und Ehrlichkeits-Mentor Dominik zu besuchen.

Dominik, für den mein Experiment so experimentell ist wie Sachertorte für Österreicher, lauscht geduldig den Erzählungen über meine bislang revolutionäre Woche und nimmt meinen Vorschlag, von nun an jede Woche einen »Truthful Tuesday« einzuführen, nur mit einem Augenrollen an.

»Diese Linsensuppe schmeckt mir NICHT!«, posaune ich nach Verkostung des Abendessen, das mein Freund für uns zubereitet hat, wie ein Kind in der Trotzphase heraus. Er nimmt mir den Wind aus den Segeln und erklärt auf nette Weise, dass es einen Unterschied zwischen »Ehrlichkeit« und »Rücksichtslosigkeit« gibt und dass das vermutlich auch der Grund ist, warum Clara das Frühstückslokal hastiger verlassen hat als Jack the Ripper einen Tatort.

Zugegeben, ähnlich wie in dieser einen Woche, als ich Gin Martinis für mich entdeckte und daraufhin zwei am Tag trank (dank der Oliven im Glas stufte ich sie großzügig als »Mahlzeit« ein), habe ich es vielleicht auch mit der Wahrheit ein bisschen übertrieben und gelobe, in den kommenden Tagen eine Balance zwischen »ehrlich sein« und »ein komplettes Arschloch, nach dessen Ermordung es eine lange Liste an Verdächtigen geben wird, sein« zu finden.

Tag 5

Vor Monaten hatte ich mit Freunden vereinbart, ein großes, völlig ausverkauftes Konzert in Wien zu besuchen. Wie die meisten Dinge, bei denen ich mir vor langer Zeit dachte »Au ja, das wird doch sicher toll«, verlor ich immer mehr die Lust auf dieses Unterfangen, je näher es rückte, und verfluchte mein früheres Ich für seine Begeisterung. Ich spiele also mit dem Gedanken, meine Teilnahme in einem Ansturm von Ehrlichkeit einfach abzusagen.

Aber nein. Ich will ja nicht nur ehrlich, sondern auch nett sein, und wenngleich ich bei der Vorstellung, heute Abend mit 16.000 Leuten in einer Konzerthalle zu stehen, panischer werde als bei einem Supermarktbesuch zwei Minuten vor Ladenschluss, beschließe ich, mitzukommen. Selbst wenn das bedeutet, dass ich auf den Gruppenfotos im »Crazy Concerts!«-Facebook-Album meines Freundes Georg als Einziger dreinschauen werde, als wäre ich Zeuge eines Dreifachmordes geworden.

Auf dem Weg zum Konzert ergibt sich eine tolle Möglichkeit zu lügen, die ich schweren Herzens nicht ergreife. Eine ältere Dame in der Straßenbahn fragt mich, was ich denn heute mache, und ich sage ihr, dass ich auf dem Weg zu einem Konzert bin. Vielleicht liegt es an meinem Outfit, meiner generellen Rock-and-Roll-Attitüde oder meinem mittlerweile viel zu langen Haar, aber die Dame fragt mich daraufhin mit vollem Ernst: »Oh, wo geben Sie denn Ihr Konzert?«

Noch nie in meinem ganzen Leben hat mich jemand für einen Musiker gehalten und ich bin außer mir vor Freude. Als jemand, der so unmusikalisch ist, dass er im Musikunterricht immer nur die Triangel halten (aber nicht betätigen!) durfte, fühle ich mich geschmeichelt und würde nur zu gerne eine tolle Geschichte erzählen. Ich würde ihr sagen, dass ich in einer Band namens *Sally's Suicide Saloon* singe und das Xylophon spiele, aber dass die wilde Liebesbeziehung unseres Gitarristen drohe, die Band auseinanderzureißen.

Stattdessen kläre ich das Missverständnis auf und bin völlig ernüchtert: Also mit Lügen war mein Leben definitiv ein bisschen aufregender. Ich verbringe einen überraschend netten Abend mit meinen Freunden und sage ihnen vorweg ganz ehrlich, dass mich die Menschenmenge ein bisschen unruhig macht. Sie beruhigen mich wie einen Schoßhund, der Angst vor lauten Geräuschen hat, und aufgrund der rührenden Rücksicht meiner Freunde bereue ich es gar nicht, doch mitgekommen zu sein.

Als ich den Veranstaltungsort und somit auch das Funkloch verlasse, möchte mein Handy einfach nicht aufhören, zu vibrieren. Genervt checke ich das Display, und da sehe ich das Unheil, das auf mich wartet: In den letzten beiden Stunden hatte ich fünf verpasste Anrufe von Patricia. Oh, oh!

Tag 6

Ich treffe mich mit Patricia an einem Fluss; einem neutralen Ort, der uns zudem die Möglichkeit bietet, einander – oder gar uns selbst – zu ertränken, falls das Gespräch in die falsche Richtung abdriftet. Wir haben uns ein Eis gekauft, doch Patricia ahnt zu diesem Zeitpunkt noch nicht, dass meine bevorzugte Eissorte an diesem Tag »KONFRONTATION!« heißt. Wie so oft versucht sie, mich bereits bei diesem Treffen zu weiteren Treffen zu verpflichten, so als wolle sie mir ein »Patricia-Abo« andrehen.

»Wie wäre es, wenn wir am Wochenende gemeinsam nach Ungarn fahren? Oder im Sommer nach Capri? Am besten wir treffen uns morgen noch mal, um die Reise zu besprechen!«, schlägt sie vor.

Ich ziehe abrupt die Handbremse. »Patricia ...«, leite ich ein. Wir alle wissen, dass die Kacke erst so richtig am Dampfen ist, wenn wir den Namen unseres Gegenübers zur Einleitung eines Satzes vor uns hin seufzen. Ich erkläre ihr, dass mir unsere Freundschaft ein bisschen zu viel ist und dass mich die konstanten Anrufe und Treffen im Drei-Tages-Takt stressen. Können wir nicht einfach die Sorte Freunde sein, die sagen, dass wir »bald mal auf einen Kaffee gehen« und es dann nie tun?

»Ja, aber warum hast du mir das denn nicht eher gesagt?«, fragt Patricia berechtigterweise.

Ich überlege für einen Moment und sage dann: »Na ja, ich wollte deine Gefühle nicht verletzen.« Obwohl das Gespräch bis jetzt überraschend angenehm war, wird meine Freundin nun plötzlich ungehalten. »Weißt du, dass es meine Gefühle um einiges mehr verletzt, zu wissen, dass du mich das letzte Jahr lang angelogen hast? Wärst du doch einfach gleich ehrlich gewesen!«

Es ist nicht das Ende unserer Freundschaft, nur das Downgrade. Ich möchte den Patricia-Newsletter bitte nur noch alle zwei Wochen erhalten; dann kann ich mich auch wieder darauf freuen. Unsere Wege trennen sich wieder, und ich bin verwundert, wie dieses Ehrlichkeits-Experiment mir allein in den vergangenen sechs Tagen zu so vielen noch nie da gewesenen Erfahrungen verholfen hat.

Tag 7

Am letzten Tag meines Selbstexperiments fällt es mir – nun, da das Schlimmste überstanden ist – gar nicht mehr schwer, die Wahrheit zu sagen. Beschwingt gehe ich in Läden, verlange einfach nach der Sache, die ich gerade suche, und antworte auf die Frage »Wie geht es Ihnen heute?« mit einem 45-minütigen Monolog über das Freundschaftsdebakel zwischen Patricia und mir.

Bei einem einsamen Heißgetränk in meinem liebsten Café lasse ich die vergangene Woche noch einmal Revue passieren. Im Rahmen meiner ehrlichen Woche wurde mir wieder einmal bestätigt, was ich bereits wusste: Ehrlichkeit ist nicht angenehm, besonders für mich nicht. Es kostet mich Überwindung, anderen Menschen meine ungeschönte Meinung offen zu sagen, da ich Angst habe, ich könnte sie verletzen oder sie könnten mich – huch! – als den Menschen sehen, der ich tatsächlich bin.

Die Wurzel des Übels ist sicherlich, dass ich immer will, dass alle mich mögen. Für mich ist es einfacher, auf abstruse Vorschläge und kontroverse Meinungen einfach »Ja« zu sagen oder gegebenenfalls nervös zu kichern, wie wenn jemand auf Familienfeiern plötzlich das Thema »Politik« anreißt.

Klar ist meine Zustimmung nicht immer ehrlich, wahrt in dem Augenblick aber die Harmonie. Also sage ich einfach »Ja natürlich, sehr gerne!«, wenn ich gefragt werde, ob ich zu einer Grillparty in einem winzig kleinen Dorf 150 km von Wien entfernt kommen möchte. Ich kann immer noch zwei Wochen lang mit mir ringen und mir dann eine weitere Lüge einfallen lassen, um den Termin wieder abzusagen.

Erfrischend anders war es dagegen, die versteckten positiven Aspekte der Ehrlichkeit zu erfahren. Ich habe viel Zeit gespart, indem ich einfach meine wahre Meinung kundgab. Nein, nicht nur in Läden, in denen ich plötzlich kein Problem mehr gehabt hätte, forsch nach dem siebenteiligen Dildo-Set »Adalbert« zu verlangen, sondern auch im Umgang mit meinen Mitmenschen. Die ganze Woche lang habe ich keine einzige Sache gemacht, auf die ich keine Lust hatte. Einladungen zu Wanderausflügen und Vernissagen wurden abgesagt und die rassistischen Tiraden meines Taxifahrers im Keim erstickt. Es war eine wahnsinnig entspannte Woche, da ich mich endlich auf die Sache konzentrieren konnte, die mir wirklich wichtig ist: meine extrem zeitaufwendige Hautpflege-Routine. Und Freunde und Familie natürlich.

Kein einziges Mal habe ich mich gefragt »Was mache ich hier und warum verbringe ich Zeit mit Leuten, die ich eigentlich nicht leiden kann?«. Meine Ehrlichkeits-Woche war gewissermaßen auch ein Rund-um-die-Uhr-Nonstop-Genuss-Experiment. Ähnlich wie eine verwöhnte Hauskatze habe ich ausschließlich Dinge getan und Menschen getroffen, auf die ich wirklich Bock hatte, und allen anderen einfach ins Gesicht gefaucht.

Zu guter Letzt war es mir gelungen, durch ein bisschen unangenehme Ehrlichkeit ein Problem zu lösen, das lange an mir gezehrt hatte – nämliche mein One-Man-Laientheaterstück, in dem ich so tat, als würde ich Patricia mehr mögen, als das tatsächlich der Fall war. Auch in Freundschaften ist es wichtig, hie und da Grenzen zu ziehen, und ich bin froh, dass ich diese für beide Parteien unfaire Situation endlich richtigstellen konnte. Dabei hat Patricia etwas gesagt, das mir zu einem großen Aha-Moment verhalf: Oft verletzt man seine Mitmenschen mehr, wenn man sie über längere Zeit anflunkert, als wenn man ihnen kurz und bündig die Wahrheit sagt. Es ärgert mich, dass ich meine Freundin verletzt und so viel unserer beider Zeit und Energie vergeudet habe, indem ich ihr eine Lüge vorspielte. Ähnlich wie bei dieser defekten Glühbirne in meiner Wohnung, deren Austausch ich ganze fünf Jahre lang vor mich hergeschoben habe, brennt das Licht Patricias und meiner Freundschaft nun, da ich aufrichtig mit ihr war, aber umso heller. Meine ehrliche Woche hat also fast ausschließlich Gutes mit sich gebracht. Und wer weiß, vielleicht werde ich ab jetzt immer die Wahrheit sagen!

Aber ganz ehrlich: Ich glaube nicht.

FAZIT
Lüge lieber ungewöhnlich!

Nun, da ich mich als Lügner geoutet und euch die brisantesten Lügen meines Lebens geschildert habe, kann ich nur hoffen, dass ihr – liebe Leserinnen und liebe Leser – mich weiterhin mögt und mir immer noch in die Augen schauen könnt, wenn wir uns in der Schlange beim Kebapstand begegnen; immerhin habe ich auf diesen Seiten die ein oder andere wahnsinnig peinliche Geschichte offenbart, die sonst nur zur Schweigepflicht verdonnerte Therapeuten von mir kennen.

Jetzt bleibt mir nur, ein kleines Resümee zu meiner großzügigen Definition von »Ehrlichkeit« zu ziehen. Nein, es war zumeist keine gute Idee, an allen Tagen des Jahres so zu lügen, als hätten wir den 1. April. Besonders jene Kapitel meines Lebens, in denen ich Unwahrheiten von mir gegeben habe, damit andere mich akzeptieren, bereue ich mehr als so manchen unvorteilhaften Haarschnitt – und davon gibt es *einige*. Auf Dauer hat es absolut keinen Sinn, eine handfeste Lüge zu leben; sei es als ungeouteter Homosexueller, heimlich Magersüchtiger oder in-der-Innenstadt-wohnender Student.

Andere Lügen wiederum hatten definitiv ihre Berechtigung und ich verteidige sie nach wie vor. Sogar mehr, als ich das mit Britney Spears tue, wenn Freunde behaupten, sie hätte »kein

227

Talent«. Diese kleinen Lügen des Alltags möchte ich einfach nicht missen. Ich finde es nicht falsch, meiner Freundin Theresa zu sagen, dass ihre ungenießbaren Raw Vegan No Sugar Muffins »total toll« geschmeckt haben, wenn ich weiß, dass sie dafür drei Stunden in der Küche gestanden hat. Genauso werde ich weiterhin immer wieder behaupten, dass es mir »überhaupt nichts ausmacht«, meinen Sitzplatz im Flugzeug mit einem anderen Passagier zu tauschen, damit ein verliebtes Paar nebeneinander sitzen kann. Natürlich macht es mir etwas aus, ihr Turteltäubchen! Wenn ich nicht hier sitzen wollen würde, dann hätte ich diesen Sitzplatz nicht extra reserviert und nicht bereits jetzt all meine Magazine und Bücher auf dem kleinen Tischchen vor mir aufgetürmt. Aber ich lasse ihnen den Spaß an dieser wunderschönen Verliebtheitsphase, in der man sich noch nicht wünscht, dass der Partner vielleicht einfach mal ein paar Tage alleine verreist, damit man sich wieder in Erinnerung rufen kann, wie sich Stille anhört.

Ich bleibe bei meinem Standpunkt, dass Lügen – ob wir das nun gut finden oder nicht – bis zu einem gewissen Grad zum guten Ton gehören. Wenngleich ich heute nicht mehr erzählen würde, dass meine Katze einen Unfall hatte, wenn ich beim Schwarzfahren erwischt werde, bemühe ich mich weiterhin in Situationen, in denen ich die brutale Wahrheit sagen könnte, ein bisschen einfühlsamer zu sein (und damit meine ich lügen, was das Zeug hält), um die Gefühle meiner Mitmenschen zu wahren – und ich finde, wir alle sollten das tun! In diesem Sinne: Nein, mir ist nicht aufgefallen, dass du zugenommen hast, Klaus, also bestell dir ruhig deinen Donut-Milkshake!

Liebe Leserinnen und liebe Leser, ich hoffe wirklich, ihr hattet Spaß und dieses Buch hat euch gefallen – und wenn dem nicht so war: Lügt mich doch bitte einfach an!

Danksagung

Puh! Nach all diesen Lügen folgen nun ein paar ehrliche Worte des Dankes.

Bei Marieke Schönian, meiner Lektorin, bedanke ich mich auch dieses Mal für ihre hilfreichen Ideen, Anregungen und Kommentare sowie die schöne Zusammenarbeit an diesem Buch. Es war mir – ungelogen! – ein großes Vergnügen.

Eine Freundschaft mit mir ist sicher nicht einfach. Nicht nur, weil ich hie und da lüge, sondern auch, weil man immer Gefahr läuft, als Material für Texte, Videos oder Kabarettauftritte zu dienen. An dieser Stelle bedanke ich mich bei all meinen Freunden und Bekannten, die sich womöglich in manchen Textstellen wiedererkennen und hoffentlich dennoch darüber (und die falschen Namen, die ich ihnen gegeben habe) lachen können.

Ein herzliches Dankeschön geht auch an meine Familie, die ich während meiner Kindheit und Jugend besonders oft und mit Vorliebe belogen habe; wie etwa dieses eine Mal, als ich beim Grillen unabsichtlich Schmierseife über das Fleisch spritzte und im Nachhinein behauptete, ich hätte auch keine Ahnung, warum die Würste so eigenartig schmeckten. Good Times! Trotz Flunkereien haben mich meine Eltern und Geschwister immer unterstützt und das weiß ich sehr zu schätzen.

Lieber Dominik, ich danke dir für deine stetige Hilfe und Liebe. Dafür, dass du Verständnis dafür zeigst, dass ich im Urlaub drei Stunden im dunklen Ferienhaus verbringe, um zu schreiben, und nur herauskomme, um zusammenhangslos Fragen wie »Fällt dir ein lustiges Produkt aus dem Teleshopping ein, das ich in einem Text verwenden kann?« zu stellen, rechne ich dir hoch an. Und dass du dann auch noch sofort und ohne mit der Wimper zu zucken mit »Flowbee, der Staubsaugerfriseur« antwortest, zeigt mir erneut, was für ein tolles Team wir sind.

Nicht zuletzt möchte ich mich ganz besonders bei meiner treuen Community bedanken; den Menschen, die meinen Unsinn oft schon seit Jahren im Internet verfolgen und mich bei meinen zahlreichen Vorhaben unterstützen. Egal, ob ihr mir nette Nachrichten auf Instagram schickt, meine Bücher lest oder zu meinen Auftritten kommt: Ich spüre eure Unterstützung und weiß sie sehr zu schätzen. Und das ist die Wahrheit!

Michael Buchinger

Der Letzte macht den Mund zu

Selbstgemachte
Gemeinheiten und
extrafrische Bösartigkeiten

Taschenbuch.
Auch als E-Book erhältlich.
www.ullstein-buchverlage.de

Was alles nervt – von A wie vegan bis Z wie Blumen-
kränze

YouTube-Star Michael Buchinger erklärt böse und
charmant, mit einer ordentlichen Prise österreichi-
schem Humor, warum die Menschheit völlig verrückt
ist und er seine Artgenossen nicht leiden kann. Buchinger zieht fabelhaft über Gesundheitsfanatiker und
Bio-Nazis her, versteht nicht, warum jedes Jahr wieder
Geburtstag gefeiert werden muss und verabscheut
den Selfie-Wahn seiner Generation. Hier kriegt jeder
sein Fett weg!

»Michael Buchinger ist das mit Abstand
Erfrischendste auf YouTube.«
Vice

ullstein

Sarah Knight

Not Sorry

Vergeuden Sie Ihr Leben
nicht mit Leuten und
Dingen, auf die Sie keine
Lust haben

Aus dem Englischen von
Sybille Uplegger.
Taschenbuch.
Auch als E-Book erhältlich.
www.ullstein-buchverlage.de

*Die Kunst, sich um weniger Dinge zu kümmern – und
mehr davon zu haben*

Sind Sie gestresst und überarbeitet? Sind Sie enttäuscht
vom Leben? Haben Sie es satt, allen zu gefallen, statt
an sich selbst zu denken? Dann gilt auch für Sie: Sorry, but not sorry. Hören Sie auf, sich zu entschuldigen.
Vergessen Sie die Meinung der anderen. Machen Sie
sich frei von ungeliebten Verpflichtungen, Scham und
Schuld. Sarah Knights Methoden helfen Ihnen dabei,
endlich das Leben zu führen, das Ihnen gut tut.

ullstein

Axel Ranisch

Nackt über Berlin

Roman.
Literatur.
Laminierter Pappband.
Auch als E-Book erhältlich.
www.ullstein-buchverlage.de

Was, wenn die erste Liebe keine schöne ist?

Jannik und Tai, von ihren Mitschülern liebevoll Fetti und Fidschi genannt, sind zwei ganz normale Siebzehnjährige. Bis sie eines Tages ihren sturzbetrunkenen Rektor auf der Straße auflesen und in seiner eigenen Wohnung einsperren. Aus dem Scherz wird schnell eine handfeste Entführung. Tai genießt es, Gott zu spielen, und zwingt den Lehrer zu einem Seelenstriptease. Ein Höllentrip für Jannik, der sowieso mit seiner zarten Verliebtheit zu Tai ringt. Er muss handeln ...

»Dieses Buch ist wie eine altgriechische Fruchtbarkeits-Göttin die in einem Ananas-Kostüm auf einem Kindergeburtstag in der Plattenbau-Siedlung aus der Torte springt.«
Robert Gwisdek

»Intensiv, spannend, frisch und sexy!«
Devid Striesow

Marc-Uwe Kling

QualityLand

Roman.
Hardcover.
Auch als E-Book erhältlich.
www.ullstein-buchverlage.de

Willkommen in QualityLand, in einer nicht allzu fernen
Zukunft: Alles läuft rund – Arbeit, Freizeit und Beziehungen sind von Algorithmen optimiert. Trotzdem be-
schleicht den Maschinenverschrotter Peter Arbeitsloser
immer mehr das Gefühl, dass mit seinem Leben etwas
nicht stimmt …

Marc-Uwe Kling hat die Verheißungen und das Unbe-
hagen der digitalen Gegenwart zu einer verblüffenden
Zukunftssatire verdichtet, die lange nachwirkt. Visio-
när, hintergründig – und so komisch wie die Känguru-
Trilogie.

»Kling erzählt formal bestechend und einfallsreich.
Der aufregendste politische Roman, den ich seit langem
gelesen habe.«
Denis Scheck